Ernst Pasqué

In Paris

Heitere Geschichten aus den Lehrjahren eines Sängers - Zweiter Band

Ernst Pasqué

In Paris
Heitere Geschichten aus den Lehrjahren eines Sängers - Zweiter Band

ISBN/EAN: 9783743669543

Hergestellt in Europa, USA, Kanada, Australien, Japan

Cover: Foto ©ninafisch / pixelio.de

Weitere Bücher finden Sie auf **www.hansebooks.com**

ERNST PASQUÉ.

In Paris.

Heitere Geschichten

aus den Lehrjahren eines Sängers.

Zweites Bändchen:

Die Lieder Beranger's. — Ein Mittag bei den Invaliden. — Unter den Römern des Augustus und an Bord des fliegenden Holländers. — Ein Pariser Musik-Narr.

Berlin, 1872.

B. Behr's Buchhandlung (E. Bock).

27. Unter den Linden.

Inhalt.

		Seite
I.	Die Lieder Beranger's	1
II.	Ein Mittag bei den Invaliden	61
III.	Unter den Römern des Augustus und an Bord des fliegenden Holländers	79
IV.	Ein Pariser Musik-Narr	99

I.

Die Lieder Beranger's.

In der St. Honoré-Straße, nicht weit von den Hallen, dem volks- und gewerbreichsten Theile von Paris, stand Anno 1842, als ich das Conservatorium der Musik als Schüler des Gesangs besuchte, ein kleines Häuschen, welches gar sonderbar gegen seine größeren und mitunter großartigen Nachbarn abstach. Eine ziemlich breite Thüre und ein Fenster von gleichen Verhältnissen bildeten die ganze Fronte des etwa fünf Stockwerk hohen Gebäudes. Ueber der Thüre war ein Schild angebracht, welches in ziemlich verblichenen Buchstaben den Namen des Hausherrn und sein Geschäft verkündete: „C. Maillard, bürgerlicher Strumpfwirker."

Trat man in die Hausthüre, so befand man sich in einem ziemlich dunklen Laden, der einen langen schmalen Tisch mit verschiedenen Wagen und dahinter in vielen Abtheilungen eine Menge Strumpfwaaren, wohleingewickelt und verpackt zeigte. Am Fenster war ein kleiner Gitterverschlag angebracht, von innen mit längst verblichenem grünem Seidenzeug ausgeschlagen, der das „Komptoir" des Ladens vorstellte und in dem vor großen und kleinen Büchern ein junges Mädchen saß und als Buchhalter fungirte trotz einem Manne. — Es war dies durchaus keine Ausnahme und in den meisten Pariser bürgerlichen Geschäftshäusern ebenso. — Eine Glasthüre führte aus dem Laden direkt in eine ziemlich geräumige, doch auch wieder recht düstere Hinterstube, in welcher inmitten des alterthümlichen, bürgerlichen Hausraths Herr C. Maillard mit seiner ehrsamen Hälfte thronte und wohnte.

1*

Herr Maillard war zur Zeit, von der ich erzähle, den Sechzigen nahe, seine Gattin mochte wohl ein halbes Decennium jünger sein. Er war ein echter Pariser Bürger von altem Schlage. Fleißig und arbeitsam, einfach und anspruchslos in seinen Bedürfnissen, verlebte er still seine Tage in seinem Hause und bei seinen Geschäften, wie es sein Vater gethan, und genoß fröhlich das Gute und Angenehme, was Paris, Keller und Küche ihm sonst noch bot. Er bekümmerte sich wenig um die Außenwelt; auch kannte er von der Welt selbst aus eigener Anschauung weiter nichts als Paris — und diese Stadt vielleicht nur genauer in den ihm zunächst gelegenen Vierteln — und einige schöne Punkte der Umgegend, als Versailles, St. Cloud und Romainville. Ja, in letzterem Orte und in seinem herr-lichen Wäldchen war er sehr zu Hause, wie wir bald sehen werden. Ebenso wenig wie er die Welt selbst kannte, bekümmerte er sich darum, was in ihr vorging, und nur die Angelegenheiten Frankreichs, das heißt die Deputirten-Kammer und die in ihr gehaltenen Reden, interessirten ihn, weil ihm solches natürlich als das Allerwichtigste auf dieser armen Erde erschien. Seinen politischen Gesinnungen nach war er eigentlich Republikaner, doch ein sehr unschuldiger. Er hatte ja seine Jugend während der großen französischen Revolution und der Republik verlebt! Napoleon bewunderte er, seine Kriege und seine Siege, doch den Bourbonen war er nie hold gewesen, und dem aus der Juli-revolution hervorgegangenen Bürgerkönig Ludwig Philipp hul-bigte er auch nur theilweise. Anfänglich hatte er ihm zugejubelt, denn er hatte ihn ja mit „machen" helfen. Nachdem damals der Straßenkampf, das Schießen vorüber, hatte Maillard sich auch aus seiner Behausung hervorgewagt, unter die Menge gemischt und auch vor dem Palais-Royal gestanden, von dessen Balkon herab der alte Degen Lafayette den Orleans'schen Fürsten als „die beste der Republiken" den staunenden Parisern präsentirte. Dann aber hatte unser bürgerlicher Strumpfwirker sich nicht immer mit den Maßregeln des Bürgerkönigs einverstanden erklärt und war somit auf die Seite der Opposition in der Kammer getreten.

Doch sein ganzes politisches Gebahren war sehr unschuldiger Natur. Einem Polizisten ging er behutsam aus dem Wege und hütete sich wohl, öffentlich ein Wort zu reden, welches man als gegen das herrschende Gouvernement gerichtet hätte deuten können. Die einzige Art, seinen derartigen Gefühlen Luft zu machen, bestand darin, daß er entweder für sich oder im Kreise guter Freunde die politischen Lieder Beranger's brummte oder sang. Doch nicht allein die politisch=anzüglichen Lieder des beliebten Volksdichters hielt er hoch und werth; noch weit mehr galten ihm dessen heitere, lebenslustige und sogar auch die etwas frivolen Gesänge, denn Herr Maillard war im Grunde ein gar guter und harmlos lustiger Mann. Beranger, den Dichter, liebte er über alles, und mit Gefahr seines Lebens hatte er sich damals, als der Prozeß gegen den Volksdichter statthatte, in den Audienzsaal gedrängt, ihm auch, als Beranger verurtheilt in St. Pelagie seine Strafe abbüßte, seine besten Strumpfwaaren, wollene Kamisöler und warme Socken, als Huldigung übersandt.

Ganz im Einklang mit seinem Denken, Fühlen und Handeln stand sein Aeußeres. Maillard war eine freundliche Erscheinung. Seine Züge, für sein Alter noch recht frisch, drückten seine Zufriedenheit, sein inneres Behagen auf eine Weise aus, daß seine Umgebung und wer mit ihm in Berührung kam, stets angenehm davon angeregt wurde. Weißes, langes Haar rahmte sein freundliches, gesundes Gesicht ein und verlieh zugleich der ganzen Gestalt einen äußerst würdigen Ausdruck, der noch erhöht wurde durch den etwas altfränkischen Schnitt seiner stets untadelhaft saubern Kleidung. — Seine Gattin war ihm in den meisten

Stücken ähnlich, nur liebte sie, ziemlich stark geworden, mehr
die Ruhe, und wenn der Alte geschäftig im Hause hin und her
trippelte und hantirte, saß sie still und beschaulich in dem weichen
Fauteuil, las entweder den Roman eines frühern Lieblingsschrift-
stellers, der für die Jetztzeit vollständig'abgethan war, oder
schaute durch das Fenster in den Laden mit wohlgefälligen
Blicken und freundlich schmunzelnden Zügen auf ihr hübsches
Töchterchen, welches bald gewandt die Verkäuferin spielte, bald
emsig schreibend nnd rechnend vor ihren großen und dickleibigen
Büchern saß.

Besagtes Töchterchen nun, Henriette geheißen, war aber
auch ein gar hübsches Mädchen, eine ächte Pariser Gestalt und
Schönheit. Sie war damals etwa neunzehn Jahre alt, fein
und schlank gewachsen, und ihre wenn auch einfache, doch stets
geschmackvolle Toilette gab der ganzen Figur etwas äußerst
Elegantes, wie man es fast nur in Paris zu finden pflegt.
Ihr Gesichtchen war, ohne gerade von einer regelmäßigen Schön=
heit zu sein, doch ganz allerliebst und hübsch, und die etwas
bleiche Gesichtsfarbe, wohl von der dumpfen Luft des Ladens
und der Straße herrührend, die großen bunkeln Augen machten
es sogar interessant. Volles, braunes Haar umgab das Ge=
sichtchen und bildete nicht dessen kleinsten Schmuck. Ein äußerst
kleines Füßchen, mit vortrefflich gearbeitetem Schuhwerk be=
kleidet, guckte verführerisch unter der seidenen Robe, die fast
stets von dunkler Farbe war, hervor, und zwei weiße, allerliebste und zierliche Händchen vollendeten das Ensemble der
hübschen Gestalt, die sich als durchaus würdige Pariser Schön=
heit präsentirte.

Außer Henriette hatte das alte wackere Ehepaar nach einen
ältern Sohn gehabt mit Namen Eduard, welcher aber zum
größten Leidwesen der Seinen in der Blüthe seiner Jahre ge=
storben war. Noch bei Lebzeiten Eduards hatte der Vater

vielen Kummer mit ihm gehabt, denn der Sohn, der ganz und
gar keine Freude an dem bürgerlichen Strumpfwirkergeschäft
gefunden, hatte sich durchaus als Techniker ausbilden wollen.
Nach langen Kämpfen zwischen dem Vater und ihm hatte endlich
ersterer in den Wunsch des Sohnes, wiewohl mit größtem Wider-
streben, eingewilligt. Doch der junge, talentvolle Mensch hatte
kaum die Schulen absolvirt, stand kaum auf eigenen Füßen, als
der Tod ihn plötzlich und unbarmherzig hinwegraffte. Der
Schmerz der Eltern war unbeschreiblich, doch es war nicht zu
ändern und die Familie mußte sich trösten und fügen. Die
Zeit heilte denn auch die tiefe und schmerzliche Wunde, die
indessen, nur im geringsten berührt, stets auf's neue zu bluten
anfing. Einen trefflichen Trost fand der alte Maillard auch hierfür
wieder in seinen lieben Beranger'schen Liedern, denn die verschiedensten Saiten des menschlichen Gefühls hat der Dichter in
seinen Gesängen angeschlagen, die den Traurigen froh, den Frohen
noch froher zu machen im Stand sind.

Henriette war also der noch einzige Sprößling und Erbe
des alten Maillard, der, obgleich nur ein bürgerlicher Strumpfwirker, doch ein reicher Mann war. Er hatte tüchtig und fleißig
gearbeitet, arbeitete noch immer unverdrossen, und das Seinige
war somit redlich verdient. Früher hatte er seine Webstühle in
seinem eigenen Hause in der St. Honoré-Straße gehabt, doch
mit der Zeit, als sein Geschäft größer geworden, änderte er
dieses. In seiner Behausung hielt er fortan nur die Rohstoffe
und die fertigen Waaren, und seine Weber saßen in den entfernten Vorstädten oder auch auf den Dörfern in der Umgegend
von Paris. So bewohnte er denn auch mit den Seinen das
Haus ganz allein, welches außer den beiden beschriebenen Räumen,
Küche, Schlaf- und Fremdenzimmer, nur noch Magazine enthielt.
Maillard war ein einziger Sohn gewesen, hatte das Geschäft
in gutem Stande mit hübschem, baarem Vermögen von seinen

Eltern erhalten, und zur Stunde war er, wie schon gesagt, ein sehr wohlhabender Bürger, dem man bei seinem einfachen, anspruchslosen Leben den Reichthum durchaus nicht ansah, denn seine Nachbarn und Bekannten schätzten ihn zum mindesten auf — fünfmalhunderttausend Franken. — Also war die Familie beschaffen, deren Bekanntschaft ich auf eine eigenthümliche Weise gemacht hatte und bei welcher ich, mich äußerst wohl und behaglich fühlend, des öftern aus= und einging.

Es war zur Carnevalszeit. Mit einem Landsmann hatte ich beschlossen, den Maskenball in einem der größern Boulevard=Theater zu besuchen. Wir hatten uns zu diesem Zwecke Kostüme bei einem Maskenverleiher gemiethet, und recht leicht und flott angezogen, schlenderten wir in heiterster Laune dem Boulevard zu. Unser Weg führte uns durch die Gegend der Halle. In eine der größern Straßen in der Nähe derselben eingetreten, hörten wir plötzlich Gläserklingen und wenn auch nicht „geübte", doch dafür recht lustige Stimmen Chorus singen. Die fröhlichen Klänge kamen aus dem Hause eines Weinhändlers, der zur ebenen Erde seinen Laden, eine Treppe hoch aber ein gemüthliches Lokal für wirkliche Zecher hielt. Da es noch etwas zu zeitig für den Ball war, beschlossen wir, um uns recht in Zug zu bringen und in die rechte Carnevalslaune zu versetzen, in dem anscheinend so lustigen Weinhause einzukehren und ein paar Gläser Rothen zu trinken. Gedacht, gethan. Wir stiegen in die Stube hinauf und trafen in der That eine heitere und lustige bürgerliche Gesellschaft. Alt und Jung, Männchen und Weibchen, im bürgerlichen und Maskenkostüm, saßen bunt durcheinander, tranken behaglich den passablen rothen Wein und bemühten sich, so gut wie es eben gehen wollte, ein mir wohl bekanntes Lied von Beranger zu singen. Ein derartiger französischer Volks= und Chorgesang lautet aber ganz anders wie ein solcher in unserm lieben Deutschland. Während

die deutschen Singelustigen sich stets bemühen, nicht allein
Melodie, sondern auch Begleitung, in einer Art von Harmonie
wiederzugeben, was ihnen denn auch so ziemlich gelingt, haben
die Franzosen fast gar kein Talent zu derartigem Sange, und
meistens ohne Stimme, ohne musikalisches Gehör, sind sie schon
froh, wenn nur etwas zu Tage kommt, was entfernt Aehnlich-
lichkeit mit der Melodie des Liedes hat. Dafür aber gelangt
das Wort, der Text des Liedes desto besser und deutlicher zu
Gehör, und das hat auch seine guten und angenehmen Seiten.
Solches war auch hier der Fall, und wenn auch der ganze
Singsang für ein deutsches, musikalisches Ohr ganz abscheulich
klang, so erfreute dagegen der köstliche, wahrhaft volksthümliche
und doch auch wieder geistreiche Text Beranger's um so mehr.

Wir hatten mit vieler Mühe ein Eckchen an einem der
Tische erlangt und saßen nun da, trinkend und trällernd, singend
wie die Uebrigen. Neben mir saß ein alter, bürgerlich gekleideter
Herr mit überaus freundlichen Zügen und langem, weißem Haar.
Seine Aeuglein leuchteten vor wahrer Lust und Vergnügen, wenn
er den nach jeder Strophe wiederkehrenden lustigen und pikanten
Refrain mitsang und dabei mit seinem Glase auf dem Tische
klapperte. Lustig stieß er mit mir an, als er sah und hörte,
wie ich frisch und fröhlich und mit kräftigem Ton in das Lied
miteinstimmte. Wir gaben uns von ganzem Herzen der heiter-
gemüthlichen Lust hin, sangen und tranken, stießen mit der ganzen
Tisch- und Stubengesellschaft an und plauderten und lachten wie
alle. Der Alte neben mir erkundigte sich angelegentlich, ob ich
auch Beranger'sche Lieder kenne. „Natürlich!" erwiderte ich ihm
„Wenn ich auch ein Deutscher bin, so schätze und liebe ich doch
euren herrlichen Volksdichter nicht minder als ihr selbst und
kann eine Menge seiner Lieder vollständig auswendig." —
„Ach, mein Herr, da müssen Sie einem alten Manne und der
Gesellschaft eine Freude machen und ein Lied von Beranger

fingen. Sie find ein Deutscher, und die Deutschen haben alle
viel schönere Stimmen als wir Parifer. Also fingen Sie ein
Lied; ich bitte Sie darum!" Also rief der alte Herr, mir vor
Freude die Hände drückend, und ich war natürlich gleich bereit
dazu.

Der Alte hatte kaum meine Einwilligung, als er sich
voller Luft erhob und mit seinem Glafe gewaltig wider die
Flasche anschlagend der fröhlichen Gesellschaft mittheilte, daß
sein Nachbar, der Debardeur (ein solches Koftüm trug ich), ein
Beranger'sches Lied fingen würde. Allgemeiner tobender Jubel
erfüllte darauf den nicht allzugroßen Raum, und ich stand auch
allsogleich auf, und mein gefülltes Glas in der Hand begann
ich mit kräftiger Stimme des Dichters allbekanntes Lied von
Roger Bontemps.

Ich war der französischen Sprache mächtig, hatte früher
schon, bevor ich im Conservatorium der Musik aufgenommen
worden war, unter dem Volke lebend und fingend, mich mit
diefen Liedern und ihrer Vortragsweise vollkommen vertraut
gemacht und war deßhalb meines Erfolgs gewiß. Meine Stimme
war jugendlich frisch und kräftig, und so entstand denn auch
gleich nach den ersten Takten und Verfen eine lautlos horchende
Stille in dem dichtbevölkerten Raume. So etwas hatten die
guten Bürger wohl lange nicht gehört — man rechne mir
nicht als Unbescheidenheit an, daß ich diefes so offen und ohne
viel Umftände fage, aber es war in der That also — und
von mir auf's kräftigfte unterftützt, fangen sie den Refrain des
Liedes:

> „Nur luftig! ift die Devife
> Des dicken Roger Bontemps!"

fammt und fonders mit feltener Präcifion und deßhalb mit un-
gewohntem Effekt mit. Befonders felig vergnügt schien mir
mein alter, freundlicher Nachbar zu fein. Er wandte kein Auge

von mir ab, und auch ich kam bald in die Laune, gleichsam
nur ihm ganz allein das Lied, als ob es seine eigenen Grund-
sätze ausspreche, vor- und zuzusingen. Sein gefülltes Glas hoch
erhoben, wiegte er sich vor behaglichem Vergnügen hin und her,
murmelte den hübschen Text des Liedes mit und stieß nach
jeder Strophe, bei jeder passenden Stelle — oftmals auch bei
ganz unpassender — wie es eben sein Herz ihm eingab, mit
mir an.

Das Lied war zu Ende, und nun erhob sich ein wahrer
Jubelsturm. Von allen Seiten, von Jung und Alt, von Frauen
und hübschen Mädchen wurde ich umringt, und alle streckten die
Arme, die Gläser nach mir aus, um mit dem Sänger anzustoßen.
Ich mußte die Runde durch die ganze Stube machen, mit Jedem
anstoßen und trinken, und hätte ich all die Gläser, gefüllt mit
den verschiedensten Weinen, die mir dargeboten, aufgezwungen
wurden, hinuntergetrunken — wahrlich, es wäre bald für diesen
Abend um mich geschehen gewesen. Dennoch fühlte ich mich
durch diesen Erfolg meines Gesanges, durch die wahre Freude
und Lust, die ich unter den guten Leuten hervorgebracht, wahrhaft glücklich und zufrieden, und ich wüßte in meinen spätern
Sängertagen wenige Momente des Erfolgs, die mir gleiches
Vergnügen bereiteten.

Mein alter, freundlicher Nachbar ließ mich nun nicht mehr
los. Er hatte mich umarmt, in der Freude seines Herzens
geküßt, mein Glas mit dem besten Wein des Etablissements
gefüllt, und wie ein kleines Kind verlangte, begehrte er immer
mehr. In solchem Verlangen wurde er von der übrigen Gesellschaft unterstützt, und das in einer Weise, die kaum eine Weigerung
zuließ. Etliche kräftige Arme hoben mich empor auf einen Stuhl;
auf's neue wurde mein Glas von den verschiedensten Seiten
gefüllt, also daß der kostbare Wein in Strömen überfloß und
Tisch und Erde benetzte. Lustig angeregt, wie ich mich fühlte,

hatte ich auch nichts dagegen. Wie ein ächter Bänkelsänger stand ich in meiner bunten, flotten Maskentracht auf dem Stuhle, überschaute lachend die lustige Gesellschaft, besonders bei den hübschen, jungen Mädchen verweilend, und begann ein zweites Lied von Beranger. Ich hatte diesmal das allerliebste und bekannte Lied gewählt, in welchem der Dichter das glückliche Leben und Lieben in einer Dachwohnung so reizend schildert: „Wie wohnt sich's mit zwanzig Jahren unter'm Dache so gut."

Neuer Jubel erfolgte und diesmal erhielt ich auch sogar Küsse von warmen. feurigen und schönen Frauenlippen. Ich überließ mich ganz meiner natürlichen Heiterkeit und wanderte von einem Tisch, von einer Gesellschaft zur andern, plaudernd und lachend, trinkend und singend, wobei der Alte mich nicht verließ, sondern immer, als hätte er mich ganz allein aufge-funden und gepachtet, hinter mir drein war. Ich weiß nicht, wie viele Beranger'sche Lieder ich noch sang, lustige und schelmische: vom Hagestolz und von der Großmutter, Fretillon, Margot und die von Lisetten; wie viele Gläser ich noch trinken mußte, kurz, es war bald genug Mitternacht geworden und endlich doch an der Zeit, den Ball, zu dem wir Karten gekauft hatten, zu be-suchen. Mein Freund, welcher sich vortrefflich in einem Kreise hübscher Mädchen unterhalten hatte, mahnte nun auch zum Aufbruch, und da mehrere der Gäste Anstalten machten, nach Hause oder einem andern Vergnügen nachzugehen, so brachen wir denn endlich auf. Unser Abschied war heiter und lustig, doch ein wenig rührend von Seiten meines alten, freundlichen Nachbars. Er ließ meine Hand gar nicht los und konnte nicht genug sagen, welch großes Vergnügen ich ihm gemacht. Schließ-lich drückte er mir noch seine Karte in die Hände und bat mich dringend, ja mit fast flehentlichem Ausdruck ihn doch einmal und so bald als möglich zu besuchen. Ich versprach solches auch in allem Ernst; dann nahmen wir endlich Abschied und trollten

uns unseres Weges, dem Boulevard, dem Theater der Porte
St. Martin zu.

An= und aufgeregt wie wir waren, durchbrachten wir eine
lustige, scharmante Nacht, und allerlei Abenteuer, wie solche bei
Pariser Maskenbällen vorzukommen pflegen, besonders wenn
man „zwanzig Jahre zählt", verdrängten für den Augenblick
die Erinnerung an das improvisirte Beranger'sche Concert in
dem Weinhause. Am andern Tage schickten wir uns an, die
Maskenkostüme ihrem Eigenthümer wieder zuzustellen. Die
verschiedenen Taschen wurden geleert, und da fand ich denn
auch die Karte, die der freundliche Alte mir am Abend vorher
zugesteckt. Darauf stand zu lesen: „C. Maillard, bürgerlicher
Strumpfwirker. St. Honoré=Straße nächst der Halle, Nummer —"
so und so viel. — Ich legte die Karte bei Seite und be=
schloß, sobald als möglich den guten alten Herrn aufzusuchen.
Doch wie es so im Leben geht — tägliche Beschäftigung, ältere
Bekanntschaften, dann die Entfernung meiner Wohnung von
jenem Theile der St. Honoré=Straße — alles dies ließ es vor
der Hand nur beim guten Willen verbleiben.

Es mochten etliche Monde vergangen sein, der Frühling
war gekommen und der warme Sonnenschein hatte die Pariser
Luft geklärt, die Bäume belaubt, und Alles athmete nach trüber
und nebeliger Winterzeit wieder neu und fröhlich auf. Paris
hatte eine andere Physiognomie angenommen, ein anderes,
schöneres und freundlicheres Kleid angezogen und schaarenweise
strömte schon die Menge, besonders an Sonntagen, hinaus vor
die Barrieren. Zur selben Zeit hatte ich eines Tages etwas
auf der andern Seite der Seine zu thun, und mein Rückweg
führte mich durch die St. Honoré=Straße. Meine alte Bekannt=
schaft fiel mir ein und ein Gefühl der Beschämung überkam
mich, daß ich der gewiß herzlichen Einladung des alten Herrn
bis jetzt noch nicht Folge geleistet hatte. Ich war grade in der

Nähe der Halle und schaute verstohlen die verschiedenen bunten Firmen an, womit die Häuser bis unter das Dach verziert oder vielmehr verunziert waren. Plötzlich höre ich grade neben mir einen lauten freudigen Aufschrei und fühle mich im selben Augen= blick festgehalten. Da steht denn der alte Herr vor mir unter der Thüre seines Hauses und erschöpft sich in Freudenbezeugungen, daß er mich endlich sieht. Er hatte mich in der That wieder erkannt, trotzdem ich jetzt bürgerliche Kleidung trug. Natürlich zog er mich sogleich in's Haus und in sein Hinterstübchen, und hier wurde ich der Familie, Madame Maillard und der hübschen, interessanten Henriette vorgestellt, die allsogleich aus dem Comptoir hereingerufen worden war. Man ließ mich gar nicht zu Ent= schuldigungen wegen meines langen Ausbleibens kommen, indem nur die Freude, mich endlich wieder zu sehen, Ausdruck erhielt. Der alte Maillard hatte den Seinen viel von mir und meinem Singen, meiner Heiterkeit erzählt, und somit war ich den beiden Frauen fast ebensogut bekannt und auch herzlich willkommen. Sogar das hübsche Töchterchen drückte mir recht warm und auf's freundlichste lächelnd die Hand, als ob ich ein alter Freund von ihr gewesen.

Ich verweilte eine Zeit lang bei den guten Leuten, während welcher ich denn auch natürlich auf schüchterne Fragen über meine Persönlichkeit, alles darauf Bezügliche ohne das geringste Hehl zum Besten gab. Daß ich Schüler des Conservatoriums, demnach ein wirklicher Sänger sei, erhöhte meinen Werth in den Augen der Familie Maillard nicht wenig, und auch Henriette schaute mich mit noch freundlicheren Blicken und länger an denn früher. Ich mußte dem Alten auf das bestimmteste versprechen, recht oft zu ihm zu kommen, und vor allen Dingen am nächsten Sonntage mit ihm in seiner Familie, wo ich denn auch noch den besten Freund des Hauses, einen famosen Sänger und Pathen Henriettens, kennen lernen würde, zu Mittag zu speisen.

In der Woche, meinte er, ging es in einem Geschäftshause un-
ruhig zu, dahingegen sei Laden und Geschäft am Sonntage
geschlossen, und nur der Ruhe, dem Vergnügen würde alsdann
gelebt. Ich versprach zu kommen und zwar um zwölf Uhr
Mittags, wie der Alte ausdrücklich gesagt. Dann nahm ich
Abschied von dem Maillard'schen Ehepaar und besonders herzlich
von dem hübschen Mädchen, welches schon wieder im Laden beschäftigt war, und ging meiner Wege, mir fest vornehmend, am
folgenden Sonntage Punkt zwölf Uhr wiederum in der St.
Honoré-Straße zu sein.

Während der Zeit, die noch vor diesem Sonntage lag, wurde
ich die Gedanken an die hübsche Henriette nicht los. Das
Mädchen war in Wahrheit hübsch, interessant und liebenswürdig,
wie es nur eine schöne Pariserin zu sein vermag, und deßhalb
wohl im Stande, ein zwanzigjähriges Herz zu beschäftigen. Ich
freute mich nicht wenig, sie wieder zu sehen, und so verfehlte
ich denn auch diesmal nicht, mich zur bestimmten Zeit im Maillard'schen Hause einzufinden. Alles war dort verändert, der
Laden geschlossen und dunkel, und Herr und Madame empfingen
mich in ihrer ebenfalls sehr düstern Stube im schönsten, nur
etwas veralteten Sonntagsstaate. Gewaltig stach Henriette
hievon ab, die eine einfache, doch höchst geschmackvolle Toilette
ganz nach der neuesten Mode gemacht hatte. Nach gegenseitiger
freundlichster Begrüßung wurde mir dann mitgetheilt, daß wir
nicht im Hause speisen würden, sondern in einem Garten, den
Herr Maillard in Romainville, einem Orte etwa ein und eine halbe
Stunde von Paris besaß. Solches machte mir nicht wenig Freude,
denn die am hellen Mittag dunkle Stube in dem Geschäftshause
war durchaus nicht einladend, im Gegentheil recht melancholisch.

Bald hielt denn auch ein großer, geräumiger Fiaker vor
dem Hause. Eine Magd erschien, und angetrieben von dem
muntern Hausherrn, bepackte sie in kürzester Frist den Wagen

mit allerlei mit Tüchern zugebundenen Körben. Einige kleinere Pakete und Körbchen wurden im Wagen selbst untergebracht, dann stiegen die Damen ein, der Alte und ich folgten, die Magd schloß das Haus, reichte den gewichtigen Schlüssel Herrn Maillard in den Wagen, schwang sich dann kräftig und behende zu dem Kutscher auf den Bock, welcher über solch' bralle Nachbarschaft recht wohlgefällig schmunzelte, und fort fuhr die Equipage in gemächlichem Trabe dem Boulevard, der Vorstadt du Temple zu. Ich saß behaglich auf der Rückseite des Wagens neben der hübschen Henriette, die sich ganz außergewöhnlich glücklich zu fühlen schien, denn ihre Wangen hatten sich mit einer feinen Röthe überzogen, was den Reiz ihres Gesichtchens wunderbar hob. Wir plauderten, lachten, als ob wir uns Jahre lang gekannt hätten, und ich suchte dabei so heiter und liebenswürdig als nur immer möglich zu sein; denn im Stillen glaubte ich schon, daß ich und meine Nähe die Ursache von der so schönen Umwandlung des allerliebsten, herrlichen Mädchens seien. Doch wie sehr hatte ich mich getäuscht! Dies sollte mir — glücklicherweise für meine Ruhe sehr bald — klar werden.

Die Vorstadt hinauf führte uns der Weg durch die Courtille, wo schon gewaltiges Leben in den berühmten und berüchtigten Weinschenken und Tanzhäusern herrschte, immer weiter nach dem hübsch gelegenen Belleville und dann hinaus in die freie Landschaft, dem Ziel unserer Fahrt zu. Bald waren wir bei Romainville und seinem herrlichen Wäldchen angelangt. Wir fuhren an der sogenannten Mühle von Romainville, einem bekannten und beliebten Vergnügungsort der Pariser und besonders der jungen verliebten Welt, vorüber, bogen in einen Seitenweg ein und hielten dann vor einer Thüre, die in einer ziemlich hohen Gartenmauer angebracht war. Flink kletterte die Magd vom Bock herunter, öffnete Thür und Wagenschlag, und wir traten in den Garten Vater Maillards ein.

Ein überaus freundlicher Anblick bot sich mir dar. Ein ziemlich großer Garten, parkartig mit Rasenplätzen und vielen kleinen Blumen= und Gebüschpartien angelegt, breitete sich vor uns aus, und im Hintergrunde erhob sich ein hübsches, zwei= stöckiges Haus, blendend weiß angestrichen, mit freundlichen, grünen Fensterläden. Während wir dem Hause zugingen, um es uns bequem zu machen, schaffte die Magd Körbe und Körbchen herbei, und der Kutscher erhielt die Weisung, Punkt elf Uhr wieder da zu sein, worauf er nach Paris zurückkehrte. Das Landhäuschen war in seinem Innern ebenso freundlich eingerichtet, wie es von außen erschienen. Die beiden Damen hatten ihre Toiletten etwas häuslicher gestaltet und begannen nun die Vor= bereitungen zu dem Mittagessen. Henriette setzte in eine hübsche Laube des Gartens eine Flasche mit etlichen Gläsern, Zucker= wasser und ein Körbchen voll Backwerk, worauf sie uns be= deutete, uns einstweilen, ganz der Gewohnheit Vater Maillards gemäß und in Erwartung der Ankunft ihres lieben Pathen, etwas im Grünen auszuruhen und zu erfrischen. Bald saß ich auch dem Alten gegenüber, und nachdem derselbe die Gläser gefüllt, erzählte er mir in seiner gemüthlichen Weise, wie er zu dem hübschen Landsitz gekommen.

Schon als Kind, sprach er, sei er mit seinen Eltern fast jeden Sonntag im Sommer hinausgezogen vor die Barriere, und im Freien hätten sie sich erlustigt durch Plaudern und Schmausen, Spielen und Singen. Also habe er es auch ge= halten, als er sich später verheiratet und Familie bekommen. Sein Lieblingsspaziergang sei Belleville und das noch ländlichere und hübschere Romainville. In dem bekannten, von Liebenden bevorzugten Hölzchen habe er seine nachherige Gattin kennen gelernt und schöne Stunden alldort mit ihr verlebt. Dies sei mit ein Grund gewesen, daß er dann so gerne hinausgezogen. Da habe er denn endlich den Garten acquirirt, das darinnen

befindliche Häuschen vergrößern und verschönern lassen — alles
im Stillen und Geheimen — und einstens, am Namenstage
seiner guten Hälfte, diese und die Kinder zum erstenmale in das
neue Besitzthum eingeführt. Diese hätten sich natürlich ungemein
über den hübschen Aufenthalt gefreut, sich an ihn gewöhnt, und
so sei man denn seit jener Zeit fast regelmäßig jeden Sonntag
hierhergezogen, bald zu Fuß und bald zu Wagen. Hier komme
er denn auch immer mit seinem alten Freunde Bobineau, den
ich heute kennen lernen würde, zusammen. Derselbe sei früher
Soldat, Sergeant in der Napoleonischen Armee gewesen, num=
mehr aber habe er einen guten, ruhigen Posten im Palast Luxem-
burg. Ich würde mich sicher über seine Bekanntschaft freuen,
denn Bobineau sei ein leidenschaftlicher Verehrer Beranger's
und tüchtiger Sänger seiner Lieder. — Auch sehe er in diesem
seinem kleinen Landhause oftmals und zwar meistens an be=
stimmten Familienfesttagen seine übrigen Freunde und Nachbarn
mit ihren Familien, Jung und Alt, und ein jeder, der Vergnügen
an ländlichem Aufenthalt, an stillen und gemüthlichen Freuden
fände, sei ihm willkommen. Auch mich hoffe er oft, womöglich
jeden Sonntag hier bei sich zu sehen. Ein Lied seines Lieblings=
dichters, welches nach Tisch nicht fehlen dürfe, noch würde —
da er meine freundliche Bereitwilligkeit voraussetze — solle seine
und der Seinigen harmlose Freude noch um ein Bedeutendes
erhöhen.

Natürlich sagte ich ihm zu, nicht allein ein Lied, sondern
der Lieder so viele zu singen, wie er, seine Familie und sein
alter, singkundiger Freund Bobineau nur wünschen würden,
und heiter und gemüthlich plauderten wir fort. Dann führte
er mich durch seinen Garten, der in der That allerliebst war,
Obst und Blumen in Menge enthielt, wie auch freie und schattige
Plätzchen zum Spielen und vertraulichen Plaudern oder Kosen —
wenn sich gerade Gelegenheit dazu finden sollte.

Henriette gesellte sich zu uns, und nun hatte ich keine Augen mehr für die Herrlichkeiten des Orts, keine Ohren mehr für das Plaudern des Alten. Nur mit ihr beschäftigte ich mich fortan und spielte mit dem ganzen Aufgebot meiner Kräfte den Liebenswürdigen. Doch sonderbarer Weise schien das junge Mädchen nicht mehr allzusehr auf solche gewiß löbliche Bestrebungen zu achten, während der Vater sie, still dazu lächelnd, zu billigen schien. Henriette kam mir zerstreut vor, was mich etwas stutzig machte und meinem gar galanten Gebahren unwillkürlich Einhalt that. Oft warf sie die Bemerkung hin, daß Pathe Bobineau ungewöhnlich lange ausbleibe. Es sei ja bald vier Uhr und doch gewiß Zeit, daß er sich bei ihnen einfinde. Der Vater lachte herzlich über solche Sehnsucht nach dem alten Knaben und tröstete sie neckend, meinend, daß Bobineau sich sicher vor der Suppe einstellen würde.

Das Mädchen schien beruhigter — ob durch die Rede des Alten oder seine Heiterkeit, war mir im Augenblick nicht recht klar. Ich sollte indessen bald Gewißheit darüber erhalten, denn eben öffnete sich die Gartenthüre und der Ersehnte, ein großer, starker, alter Herr, halb militärisch, halb bürgerlich gekleidet, mit starkem, weißgrauen Schnurr= und Backenbarte, der seinen sonst freundlichen Zügen etwas Bärbeißiges gab, trat ein. Henriette stieß einen lauten Freudenschrei aus, der natürlich nur dem Pathen gelten durfte. Es konnte ihn indessen auch der Begleiter desselben hervorgerufen haben, denn Herr Bobineau war nicht allein in den Garten getreten. Ein anderer und viel jüngerer Herr, hübsch und elegant gekleidet, ganz das Gegentheil seines älteren Begleiters, kam mit demselben auf uns zu. Henriette, die nach dem plötzlichen Aufschrei gleichsam erschrocken zusammengefahren war, blickte gleich darauf mit ängstlicher Spannung auf den Vater. Ich, ein Unbetheiligter an dieser Scene folgte ihren Bewegungen mit wahrer Neugierde, auch mit etwas Unruhe.

Des Vaters Züge nahmen beim Erblicken des jüngern Ankömmlings einen unbehaglichen, ja ärgerlichen Charakter an; doch bald schien seine angeborene natürliche Gutmüthigkeit zu siegen und die bisherige heitere Stimmung zurückzukehren. Lächelnd begrüßte er die Kommenden. Henriette hatte aber kaum diese zweite günstige Verwandlung erschaut, als sie mit fast zu kindlicher Hast auf den Pathen zueilte, ihn umarmte und dabei zugleich dem jüngern Manne die Hand reichte. Alles dies war das Werk weniger Augenblicke. — Ich wußte genug. Mein glücklicherweise nur kurzer Traum war zu Ende. Henriette liebte den Begleiter, warscheinlich einen Verwandten ihres Pathen, und der Alte wollte von diesem Verhältniß nichts wissen. Dies der Schlüssel zu all den vielen kleinen und scheinbar unbedeutenden, mir bisher räthselhaften Erscheinungen.

Unwillkürlich mußte ich mich abwenden, und ein recht tiefer, sehr lamentabel klingender Seufzer entrang sich meiner Brust, welcher indessen glücklicherweise das bittere Gefühl, so mir das Herz zuzuschnüren drohte, theilweise verscheuchte. Ja, ich fühlte es deutlich, wie mit jenem gewaltigen „Ach!" auch ein guter Theil der Liebe, die bereits in meinem Herzen eingezogen, wieder verschwand, und ruhiger und gefaßter, sogar wieder recht heiter vermochte ich die beiden Ankömmlinge zu begrüßen.

. Vater Maillard stellte mich seinem alten Freunde Bobineau und dem jungen Manne, einem Neffen des ersteren und Alfred geheißen, vor, mich dabei ganz entsetzlich lobend. Doch die Beiden lächelten, und ihre Antworten und Begrüßungen klangen ganz, als ob ich ihnen durchaus nicht fremd sei. Und doch hatten sie mich sicher im Leben nie gesehen, nie gesprochen! — Sollte Henriette dem Pathen, dem — Geliebten einen Wink davon gegeben haben, daß der Vater eine neue Bekanntschaft gemacht, die ihn in heiterste Laune versetze, weshalb der Freund — der Geliebte es schon wagen dürfe, wieder einmal nach Romainville hinauszukommen? — Oh, ich war in diesem Augenblicke gar ärgerlich, mißtrauisch, ja recht eifersüchtig geworden, denn ganz sicher hatte ich das Richtige getroffen. Damals ahnte ich es, heute weiß ich bestimmt, daß es also war, und muß jetzt noch in der Erinnerung lächeln, wie fein und schlau die hübsche Pariserin es angestellt hatte, um mich als Ableiter für den Mißmuth, den Aerger des Vaters zu gebrauchen. Und ich bin ihr nicht böse darüber! Im Gegentheil, der freundliche Leser wird bald sehen, mit welcher Selbstverleugnung und Aufopferung meines eigenen Gefühls ich dem hübschen Mädchen helfend zur Seite stand.

Der Neffe Bobineau's, Alfred G., war Angestellter bei der Nord=Eisenbahn, die damals just in's Leben getreten. Früher war er ein steter Gast des Hauses Maillard, doch seit längerer Zeit nicht mehr bei der Familie, weder in der Stadt, noch auf dem freundlichen Landsitze gewesen. Er begrüßte mich herzlich und freundlich wie ein alter Bekannter, den Vater mit an= scheinender Heiterkeit, die jedoch etwas gezwungen erschien und eine merkliche Befangenheit durchblicken ließ, das hübsche Töch= terchen aber durch eine ziemlich ehrfurchtsvolle Verbeugung, der indessen hinterher anstatt vieler Worte einige verstohlene, doch sehr vielsagende und bedeutungsvolle Blicke folgten. Der alte Maillard veränderte seine heitere Stimmung nicht bei der Be= grüßung des jungen Mannes, was Herrn Alfred, wie den alten Bobineau, besonders aber das Mädchen ungemein zu erfreuen schien. Henriette war mit einem Male wie umgewandelt. So fröhlich, so munter und liebenswürdig hatte ich sie während der kurzen Zeit unserer Bekanntschaft noch gar nicht gesehen, und es war ein wahres Glück für mich, daß ich vollständig im Klaren über den eigentlichen Stand der Sache war. Ich beschloß des= halb auch, als bestes Gegenmittel gegen alle weitern Liebes= eindrücke so lustig und munter zu sein, wie nur immer möglich,

und bald lachten und plauderten wir allesammt auf's ungezwun-
genste und heiterste. Besonders der Alte blieb in seiner guten
Laune, wozu ich natürlich wohl das meiste beitrug. Dafür
belohnte mich auch Henriette durch manche dankende Blicke, die
sie verstohlen aus ihren schönen Augen auf mich richtete, ich
aber trotzdem allzumal glücklich aufzufangen wußte.

Unsere heitere Stimmung hielt auch während wir auf dem
grünen Rasen im Freien speisten an und erreichte ihren Gipfel,
als beim Dessert Beranger herhalten mußte. Herr Bobineau,
der ehemalige Sergeant der großen Armee, sang mit niederträchtig
rauhem Organ, doch mit seiner Art unübertrefflichem Ausdruck
die Lieder, die Beranger zum Ruhme der Waffen des Kaiser-
reichs gedichtet: Die alte Fahne:

> „Wann darf von dir den Staub ich schütteln,
> Der deine theuren Farben deckt!"

Besonders aber gelang ihm der alte Sergeant, der da bei
der Wiege des Kindes sitzt, und Rührung erstickte fast seine
Stimme bei den Versen:

> „Geboren sein und leben ist nicht alles!
> Gott geb' euch, Kinder, einen schönen Tod!"

Dazwischen sang ich dann die heitersten Lieder, die ich nur
kannte, und lustige ernste Refrains wechselten mit einander ab,
die von den andern, so gut es eben gehen wollte, mit und ohne
Rührung, doch immer mit Lust und Freude mitgesungen wurden.
Endlich, als mein Berangersches Lieder-Repertoir fast zu Ende
gehen wollte und ich keinen Gesang mehr finden konnte, der
sich für einen Kreis schickte, in dem sich eine junge Dame befand, stimmte ich, angeregt von dem Orte, an dem wir weilten,
ein altes bekanntes Volkslied zum Lobe des Romainviller
Wäldchens an. Das Lied, obschon ein wenig gewagt, war
doch ganz scharmant. Die erste Strophe lautete im Deutschen
etwa folgendermaßen:

„Wie ist es doch so traut, so stille
Im Wald von Romainville.
Es bietet jedem Liebespaar
Die schönste Zuflucht dar.
Mögt rümpfen ihr die Nasen!
Wir küssen, Brust an Brust,
Auf weichem, grünem Rasen
Uns recht nach Herzenslust!"

Das Lied — es mochte wohl alte, süße Erinnerungen
wecken — gefiel dem Vater Maillard dermaßen, daß er allsogleich einen Spaziergang durch das Wäldchen vorschlug, was
natürlich mit allgemeinem Jubel auf= und angenommen wurde.
Henriette lief schon voller Freude, um Hut und Mantille zu
holen; doch sie sollte in etwas enttäuscht werden, als der Vater
mich förmlich, ja dringend nöthigte, ihr den Arm zu geben.
Ich war boshaft genug, um auch allsogleich und mit größtem
Eifer zu solch süßem Dienst bereit zu sein und mich ein wenig
an der ärgerlichen Miene Alfred's zu weiden. Obschon Henriette
anfänglich darüber betreten war, so ließ sie dieses doch klüglich
nicht allzusehr merken, und mit feinem Takt ging sie auf meine
Scherze ein, wobei sie denn doch noch Zeit fand, mit Alfred
einen Blick zu wechseln, der ihn wohl auffordern mochte, ein
Gleiches zu thun. Doch der sicher bis über die Ohren verliebte
junge Mann konnte sich nicht so rasch fassen wie die gewandte
Pariserin. Bobineau, gewiß der geheime Verbündete dieser zur
Zeit verbotenen Liebe, mußte sich in's Mittel legen und nahm
anstatt die Mutter Maillard, seinen etwas verblüfften Herrn
Neffen am Arm, diesen ganz sicher nicht allzusanft und sehr
bezeichnend drückend.

Der Alte leistete galant den gleichen Dienst seiner Frau,
und fort zogen wir alle sechs in's Wäldchen von Romainville.
In der Mühle war ein ländlicher Ball. Ein paar ziemlich
verstimmte Geigen und ein Cornet à Piston quälten sich ab,
einige beliebte Quadrillen von Musard und Tolbeque zu spielen,

und auf dem grünen Rasen tanzte eine bunte Menge, Pariser, Bürger und Grisetten, Bauern und Bäuerinnen, bunt, lustig und toll durcheinander. Wir stellten uns auch zu einer Quadrille zusammen und ich machte mit Henrietten das Gegenüber des alten Maillard'schen Ehepaares, während der alte, muntere Bobineau und Alfred mit ein paar jungen, hübschen Bewoh= nerinnen des Fleckens tanzten.

Henriette hatte eigentlich zum Tanzen aufgefordert, wohl weil sie wußte, daß Alfred dann ein unbestreitbares Recht habe, mit ihr den zweiten Tanz zu thun, was auch durchaus nicht ausblieb. Ich überließ dem armen Jungen nunmehr meine Tänzerin mit rechter Freude und wollte sogar noch mehr thun, nämlich den Alten während des Tanzes derart zu beschäftigen suchen, daß er kein Augenmerk auf das Pärchen haben konnte. Doch das schlug mir total fehl, denn Maillard wich keinen Schritt von seinem Platze, ganz in der Nähe Henriettens, und verlor sie auch nicht einen Moment aus den Augen. Dieses beendigte unser Tanzvergnügen denn auch schon nach der zweiten Quadrille, und wir zogen nun weiter durch das frisch grünende, prächtige Wäldchen.

Ueberall gab es Spaziergänger, in Gruppen und ganzen Gesellschaften, und auch nur zu zweien. Daß solche einsame Pärchen das männliche und weibliche Geschlecht repräsentirten, verstand sich von selbst. In jeder Lichtung des Wäldchens lagerten Gruppen, aßen und tranken, spielten Blinde=Kuh oder andere ähnliche ländliche und kindliche Spiele, die jedoch keines= wegs des „tieferen Sinns" entbehren. Auch wir sollten dies erfahren, denn wir lagerten uns endlich auch und beschlossen, eine kleine Partie Blinde=Kuh zu spielen. Bobineau hatte dies lachend·in Vorschlag gebracht, und mit lauter Lust wurde das Spiel angefangen. Der unermüdliche Bobineau war auch der Erste, der den blinden Sucher machte. Er schien es verteufelt auf seinen alten Freund abgesehen zu haben; doch dieser wich ihm gar geschickt und schlau im Kreise aus, wahrscheinlich weil er keine Lust verspüren mochte, in Gegenwart Alfreds den Blinden zu spielen. Der gute, sich also wohl nur für seinen jungen Neffen aufopfernde und abquälende ehemalige Sergeant der großen Armee mußte sich endlich, da er des so eifrig Ge=suchten nicht habhaft werden konnte, mit einem Andern begnügen, und ich war der Glückliche, den er endlich erwischte.

Ich reichte das Tuch der hübschen Henriette, und mich vor ihr auf ein Knie niederlassend, fühlte ich ihre zarten, feinen Finger mit wahrem Vergnügen über meine Haare fahren. Auf sie hatte ich es abgesehen; doch ebensowenig wie dem alten Freunde das Haschen des Vaters, gelang es mir, die Tochter zu fassen, und ich hatte zu guter Letzt die Mutter Maillard gefangen und errathen. Diese nun war glücklicher als ihre beiden Vorgänger im Spiele, denn gar bald hatte sie ihren guten Alten attrapirt. Er war in die Falle gegangen und ließ sich denn auch nach einigem Sträuben von Henrietten die Augen verbinden. Daß diese solches Amt auch auf das allergewissen=hafteste verwaltete, bedarf wohl keiner Versicherung, und der gute Alte tappte zu unsrer größten Lust so unbeholfen herum, wie nur möglich, und ohne im entferntesten irgend jemand zu nahe zu kommen. Solches schien seiner wackern Hälfte Mitleid einzuflößen, und während wir laut lachten und jubelten, nestelte sie an dem Tuche, welches sich nach ihrer Meinung und Aus=sage verschoben haben sollte, derart herum, daß der Alte am Ende doch irgend etwas sehen konnte.

Abermals drehten wir uns lustig im Kreise herum. Alfred hielt Henriettens Hand und beide sprachen leise zusammen, flüsterten sich etwas zu. Da — während der gar gewandte Bobineau die Aufmerksamkeit der Mutter nach dem suchenden und umhertappenden Vater lenkte — näherten sich die Köpfe

der beiden Leutchen und — o Himmel, was mußte ich sehen!
— auch die Lippen, denn es klang ganz genau wie ein Kuß.
Doch auch der blinde Maillard mußte solches nicht allein gehört,
sondern auch gesehen haben, denn augenblicklich flog das Tuch
von seinen Augen und er stand vor dem holb und gar verschämt
erröthenden Töchterchen, dasselbe mit etwas verblüffter, doch
auch wieder ernster, ja ärgerlicher Miene anschauend. — Er
schützte Schwindel vor und das Spiel war zu Ende.

Um die durch solch gewagtes Spielen entstandene unbe=
hagliche Stimmung in etwas zu verscheuchen, schlug ich, von
Bobineau recht kräftig unterstützt, einen Rundgesang vor, wo=
durch das Gesicht des alten Maillard sich wieder ein wenig
aufzuheitern begann. Wir lagerten uns auf dem grünen
prächtigen Waldteppich, und aus voller Brust stimmte ich noch=
mals das Liedchen zum Lobe des Wäldchens von Romainville an.
Unser fröhliches Singen weckte die Echo des Waldes; die guten
Geister des Ortes umschwebten uns und mit ihnen kehrte bald
wieder die alte Lust, die frühere Heiterkeit bei uns ein. Die
beiden Liebenden waren einen Augenblick lang glücklich gewesen
und ich gönnte ihnen dieses Glück von ganzem Herzen.

Der Abend verging bei einem Glase Wein heiter und
fröhlich, wie der ganze schöne Nachmittag. Der alte Bobineau
und ich sangen noch manches hübsche Lied von Beranger. Es
war ein wahrer Wett= und Sängerkampf. Der Alte schien mich
ganz und gar in sein Herz geschlossen zu haben. Vielsagende
Blicke warf er auf mich und auf sein Töchterchen, worüber
Alfred, der während unseres Singens eine recht betrübte Rolle
spielte, gar verstimmt zu werden schien. Endlich nahte die
Abschiedsstunde von dem trauten Orte. Elf Uhr war vorüber,
und der Kutscher hatte schon mehrmals mit der Peitsche deutliche
Zeichen seiner Anwesenheit gegeben. Wir brachen auf. Die
leeren Körbe wurden wieder auf den Wagen geschafft, und wir

alle sechs stiegen endlich ein. Vater, Mutter und Tochter setzten sich zusammen, wir übrigen drei mußten uns auf dem Rücksitze, so gut es eben gehen wollte, einrichten; und fort ging's durch den Flecken, durch Belleville, der Temple-Vorstadt zu.

Auf dem Boulevard angekommen, machten wir Halt, denn ich wollte von dort zu Fuß nach Hause gehen. Auch Alfred, der mit mir so ziemlich einen Weg hatte, verließ den Wagen — wohl mit schweren Seufzern. Seine Beklemmungen steigerten sich sicher noch, als der alte Maillard mit bringenden Bitten aufforderte, ihn doch bald, ganz sicher aber am nächsten Sonntag zu besuchen, während Alfred nur ein einfaches „gute Nacht", dafür aber von Henrietten einen verstohlenen und sicher desto herzlicheren Händedruck erhielt. Ich versprach baldige Wieder-kehr; der Wagen rollte fort in das Innere der Stadt hinein und wir beide schritten rechts ab, den belebten Boulevard entlang.

So heiter und gesprächig, so freundlich gegen mich Alfred auch während des Nachmittags gewesen, so still und verschlossen schien er nun mit einemmal geworden zu sein. Nicht im geringsten ging er ein auf mein Plaudern über die verlebten angenehmen Stunden, und ich sah mich endlich genöthigt, von gewöhnlichen Dingen zu reden und, als auch dies keinen Erfolg hatte, zu schweigen. Bei der Vorstadt Poissonnière angekommen, trennten wir uns, und sein Händedruck war wärmer als die Worte, die er beim Abschied zu mir sprach.

Von nun an besuchte ich Vater Maillard und seine Familie recht oft, sowohl im Geschäftshause in der St. Honoré-Straße als auch draußen in dem hübschen Landhause bei dem Romain-viller Hölzchen. Ich sang dem Alten mein ganzes Repertoir Beranger'scher Lieder zu wiederholten Malen und lernte sogar eigens für sein Vergnügen etwelche für mich neue Gesänge, nach denen er sich ordentlich gesehnt hatte. Es amüsirte mich selbst nicht wenig, wenn ich bei dem alten Manne saß, vor uns die

Flasche, die mit köstlichem Wein gefüllten Gläser, und nun sah, wie bei den hübschen, lustigen Liedchen sein ganzes Gesicht vor Freude lachte, sein ganzer Körper vor Lust sich hin und her wand. Oder mit welch hoch aufgerichteter Gestalt und leuchtendem Auge er dreinschaute, wenn ich mit Herrn Bobineau um die Wette, mit dem üblichen und nöthigen vollen Pathos ernstere Lieder des berühmten Volksdichters sang. Ich empfand wirkliches Vergnügen und sang stets mit immer gesteigertem Ausdruck, bis dem Alten vor Freude und Rührung fast die Thränen die Wangen herabliefen. Dann drückte er mir stumm die Hand, Worte des Dankes konnte er nicht finden, und hätte ich in solchen Momenten ihn um sein halbes Vermögen gebeten, er hätte es mir gegeben — am Ende sein hübsches Töchterchen noch obendrein!

Doch anders wurde es nach und nach mit meinen übrigen Zuhörern im Maillard'schen Hause. Die Mutter bezeigte zwar noch immer Theilnahme an meinem Singen, doch schaute sie schon ernster drein; und Henriette — ach, das arme Mädchen wurde immer stiller, trauriger, und wie mir scheinen wollte, auch bleicher. Bei den heitern Liedern trat sie still und schweig= sam bei Seite, nur den ernsten, pathetischen Gesängen schenkte sie ein wenig mehr Aufmerksamkeit und mir verstohlen einen Blick. Und wenn der Alte sehr gerührt war und fast weinte, wandte sie sich gänzlich ab und auch ihren schönen Augen entstahlen sich heimliche Thränen — o, ich bemerkte sie wohl! — die aber sicher ganz anderen Ursachen ihr Dasein verdankten, als die, welche der weich gewordene Vater weinte.

Herrn Bobineau hatte ich regelmäßig in Romainville getroffen, doch Alfred war seit jenem Sonntage nicht wieder hingekommen. Auch Ersterer schien mir auf die Dauer nicht mehr so gewogen, wie beim Anfang unserer Bakanntschaft. Ob dies wohl davon herkam, daß ich ihn bei unsern Sängerkämpfen fast regelmäßig besiegte? — Ich glaube es kaum. Er fühlte und ahnte wohl, gleich wie Tochter und Mutter, was in dem Kopfe des Alten vorging, wie er mich immer tiefer in sein Herz schloß und vielleicht gar schon im Stillen beschlossen hatte, mir seiner hübschen Tochter gegenüber durchaus kein Hinderniß in den Weg zu legen, im Gegentheil alles aufzubieten, um mich inniger, dauernder an sich zu fesseln, wodurch für den armen Alfred natürlich alles verloren gehen mußte. Ich empfand und sah dies alles klar, und der Gedanke war mir peinlich, daß ich anstatt Freude nur Kummer und Leid in das gemüthliche bürgerliche Haus, in das Herz Henriettens gebracht haben sollte. Dieses Gefühl veranlaßte mich, dem Mädchen gegenüber alles zu vermeiden, was man als keimende Zuneigung hätte deuten können. Ich sprach mit ihr, behandelte sie mit möglichster Förmlichkeit, wodurch der Vater oftmals zu einer ärgerlichen Grimasse veranlaßt wurde, wofür aber das hübsche und zeitweilig gar traurige Töchterchen mir manchen stillen, dankbaren Blick zuwarf, auch etwas heiterer wurde. Sie mochte errathen haben, was in mir vorging, und ich bin gewiß, daß ich, hätte ich es angestrebt, auch ihr volles Vertrauen in Bezug auf ihre Herzensangelegenheit erhalten haben würde. Doch dazu bezeigte ich vorderhand noch immer nicht die rechte Lust. — Ich muß mich damals noch nicht ganz so stark und fest in meinen Vorsätzen gefühlt haben. — Doch das Mädchen schien ihrer Sache immer sicherer zu werden und operirte darauf hin ganz im Stillen weiter.

Die erste Folge davon war, daß der bärbeißige ehemalige Sergeant der großen Armee wieder freundlicher gegen mich wurde, mir sogar, als ich eine prächtige Gelegenheit, dem Mädchen gegenüber den Liebenswürdigen zu spielen, ziemlich kalt und unbenützt vorüber gehen ließ, recht warm und äußerst kräftig die Hand drückte, wobei er mich ansah, als ob er mir in seiner derb-ehrlichen, militärischen Weise sagen wollte: „das war recht

gethan, junger Mann!" Ich mußte zwar anfänglich über solche
Anerkennung ein ziemlich saures Gesicht machen, doch gar bald
siegte mein besseres Selbst, und unbeirrt fuhr ich fort zu
handeln und zu reden in der früheren, den Betreffenden wohl-
thuenden Weise.

Wer weiß, was Henriette und der alte Bobineau, der Ver-
traute ihrer heimlichen Liebe, nicht alles hofften und zusammen
komplottirten. Genug, eines schönen Sonntags traf ich denn
auch Herrn Alfred wieder in Romainville. Bobineau führte
ihn in kecker, doch etwas erzwungen lustiger Weise ein. Wenn
der — liebe — Besuch auch von den beiden Frauen still, doch
freundlich empfangen wurde, so wandelte er dafür den Alten
fast ganz um. Derselbe war den Nachmittag über durchaus
nicht guter Laune, und was ich auch aufbot, wie sehr ich auch
den fingekundigen David zu spielen bemüht war, es wollte mir
kaum gelingen, den alten mürrischen Saul aus seiner üblen
Laune herauszutreiben. Auch Bobineau war im Ganzen stiller,
verlegener als gewöhnlich, und so unterhielt ich denn bei und
nach Tische fast ganz allein die ganze Gesellschaft. Und dies
war kein leichtes Stück Arbeit, denn je heiterer und redseliger
ich mich geberdete, desto schweigsamer wurden die Frauen, die
endlich, just als — Dank meinen Bemühungen, — die gute
Laune bei dem Alten wieder zum Vorschein zu kommen schien,
aufstanden und hinaus in den Garten gingen. Ich erlahmte aber
nicht in meinem löblichen Beginnen, und kaum hatte ich den
alten Maillard wieder in ein fröhliches Plaudern hineingezogen,
als auch die beiden andern, Pathe Bobineau sammt seinem Herrn
Neffen, sich ganz still und geräuschlos empfahlen und mich
allein mit dem Alten im Speisezimmer ließen.

Ich ahnte, was vorging, und in diesem Augenblicke warf
ich entschlossen alle noch übrig gebliebenen bösen Gedanken über
Bord und beschloß ernstlich, mit all meinen Hülfsmitteln auf

die Seite des Pärchens zu treten. Ich brachte unser Gespräch
mit Leichtigkeit auf Maillards Lieblingsthema und bald saßen
wir Beide denn auch da, ganz allein, pokulirten, stießen an und
sangen so lustig und vergnügt, daß es eine wahre Freude war.
Während dieser Zeit gingen die vier Uebrigen in der sommerlichen
Dämmerung im Garten spazieren, natürlich die Mutter mit dem
Pathen Bobineau und Alfred mit Henriette. Nun, ich gönnte
es ihm in diesem Augenblick von ganzem Herzen — es war doch
nichts anders zu machen! — und fort riß ich den Alten zu neuem
Singsang und neuer Heiterkeit.

Es war spät und fast dunkel, als die beiden Paare wieder
eintraten. Henriette hatte auffallend rothe Wangen, doch auch
ihre hübschen Augen sahen recht roth, ja verweint aus. Sie
ging auf den wieder munter gewordenen Vater zu und umarmte
ihn lange, innig und herzlich. Der sing= und weinselige Alte
ließ sich die Liebkosungen seines hübschen Töchterchens gerne
gefallen — wer hätte sich wohl auch dagegen gesträubt? —
und streichelte ihr zärtlich die frischen runden Wangen. Dann
aber, im Vorbeigehen, drückte Henriette auch mir verstohlen die
Hand. Es war anscheinend der Dank dafür, daß ich den Vater
wieder in so gute Laune gebracht, hauptsächlich aber wohl, daß
ich ihr die freie und sicher schön verlebte Stunde verschafft hatte.
Sie verstand mich, erkannte mein gutes Wollen an, und das
machte mir rechte und wahre Freude.

Am Abend fuhren wir wieder zusammen bis zum Boulevard. Dort nahmen wir beide, Alfred und ich Abschied von
der Familie Maillard und dem Pathen Bobineau und schlen=
derten unserer engern Heimat zu. Doch diesmal that der junge
Herr nicht so spröde und schweigsam gegen mich, wie das erste
Mal. Er faßte mich recht vertraut unter den Arm und wollte
nach einigen gewöhnlichen Redensarten ein sicher höchst wichtiges
Gespräch beginnen, worauf ganz klar einige ganz verstohlene

Seufzer und verschiedene vielsagende „Hms!" deuteten. Endlich blieb er mitten im Wege stehen, faßte meine Hand, schaute mich bei dem hellen Schein der Gasflammen des Boulevards ernst, fast bittend an und sagte: „Vergeben Sie mir, lieber Herr, vor allen Dingen mein unpassendes Betragen von letzthin, als ich mit Ihnen diesen Weg ging!"

Ich mußte lachen über diesen Ausdruck seiner Reue, die wohl in ihm entstanden, als er von der weit scharffichtigeren Henriette, die nöthige Auskunft über mich erhalten hatte. Ich erwiderte ihm frei, daß ich ihm durchaus nicht gezürnt habe, noch zürne; ich hätte sein Betragen in seiner Lage damals ganz natürlich gefunden. -- „Sie sind ein braver junger Mann!" antwortete er darauf, indem er mir nochmals die Hände drückte. „Ich will mich Ihnen anvertrauen; Sie dürfen, sollen alles wissen." — Abermals mußte ich lachen, was meinem aufgeregten Begleiter wohl etwas verletzend vorkommen mußte, denn er wich plötzlich zurück und schaute mich ernst und fragend an. Doch ich beruhigte ihn bald, indem ich sagte: „Lieber Herr Alfred, ich glaube kaum, daß Sie mir mehr anvertrauen können, als ich bereits ganz genau zu wissen glaubte, da wir am ersten Tage unserer Bekanntschaft zusammen über den Boulevard gingen. Sie lieben Henriette und werden von dem Mädchen wieder geliebt. Die Mutter haben Sie vollständig auf Ihrer Seite, Ihr Onkel, Herr Bobineau, unterstützt Sie natürlich, nur Vater Maillard will, wie es scheint, gar nichts von Ihnen wissen, und das ist schlimm, sehr schlimm. Das „Warum", den Grund dieser Abneigung weiß und begreife ich nicht. Da haben Sie mit wenigen Worten Ihre ganze Liebes= und Leidens= geschichte. Ist's nicht also?"

Alfred schien über meine längere und genauere Kenntniß seiner Angelegenheit höchlich erstaunt, ja ein wenig verblüfft. Er fragte mich schüchtern, ob denn damals Henriette mir irgend

eine Mittheilung über ihr gegenseitiges Verhältniß gemacht. —
„O nein!" entgegnete ich. „Wir Deutsche besitzen am Ende
doch noch etwas mehr Scharfsinn als ihr Pariser meistens zu
glauben für gut findet. Und zudem war es durchaus nicht
schwer, nach unserm ersten Zusammentreffen und den etwelchen
Stunden, die wir alsdann mit einander zubrachten, der Sach=
lage auf den Grund zu kommen. Danken Sie übrigens Ihrem
Schöpfer, lieber Alfred, daß es so und nicht anders war und
ist, denn ich war schon auf dem schönsten Wege, mich in Ihre
Henriette, die in der That ein ganz herrliches Mädchen ist, bis
über die Ohren zu verlieben. Und dies einmal geschehen —
ma foi! — dann hätte ich es schon darauf ankommen lassen
müssen und sicher auch den Kampf mit Ihnen aufgenommen.
Doch noch zur rechten Zeit sah ich klar, wie es stand, und gebot
glücklicherweise für mich, und auch für Sie, meinem Herzen
Stillschweigen. Heute bin ich sogar noch weiter gegangen, wie
Sie wissen." — Ein abermaliger Druck seines Armes war
Antwort und Dank, und ich fragte den armen Verliebten, was
denn der Vater eigentlich gegen ihn habe.

Alfred erzählte mir nun, wie er mit dem verstorbenen
Sohne Maillard's zusammen im College und eigentlich die
Ursache gewesen wäre, daß Eduard sehr gegen den Willen des
Vaters die Carriere eines Technikers erwählt habe. Der Alte
sei damals Feuer und Flamme gewesen, denn er habe aus
seinem Sohne durchaus einen bürgerlichen Strumpfwirker machen
wollen. Das Geschäft sei allerdings ganz achtbar, auch recht
einträglich, doch Eduard habe nun einmal durchaus keine Lust
dazu gehabt und er, Alfred, ihn in dieser Unlust auch weiblich
unterstützt. Dadurch sei der alte Maillard ihm schon damals
aufsäßig geworden, und ohne den Pathen Bobineau wäre es
mit der Freundschaft ganz aus gewesen. So sei er dann doch
noch immer wie früher in dem Maillard'schen Hause, in der

3

Stadt sowohl als auch in Romainville, aus und eingegangen.
Da wäre denn mit der Zeit geschehen, was eben nicht gut aus-
bleiben konnte; er habe sich in Henriette verliebt und auch
Gegenliebe gefunden. Sobald der sonst so gutmüthige Alte
dies aber gemerkt, sei er ganz rappelköpfig, ja wie toll geworden,
auf das bestimmteste zwischen ihn und Henriette getreten und
habe ihm einstens rund heraus gesagt, daß er sein Kind nur
einem bürgerlichen ¡Geschäftsmanne und nimmer einem Ange-
stellten geben werde. Weiter habe er ihm ernstlich untersagt,
wenn er je wieder zu ihm in sein Haus kommen wolle, allen
und jeden Gedanken an seine Tochter aufzugeben, denn gerade
er bekäme sie nun und nimmermehr. Auch habe der Alte ihn
merken lassen, daß es somit am allerbesten wäre, wenn er sein
Haus, seine Familie, fortan gänzlich meiden würde.

Solch unerwarteter, harter Bescheid habe ihn und Henriette
ganz unglücklich gemacht, wie es auch deshalb gar heftige Auf-
tritte zwischen dem Alten und seinem Onkel Bobineau, der ihn,
den Neffen, natürlich protegirt, gegeben. Die Sache habe endlich
damit geendet, daß er Maillards Haus gänzlich gemieden.
Doch sei er durch den Bruder und die Mutter, der sich Henriette
anvertraut und die ihre Liebe gebilligt, immer noch in heim-
lichem Verkehr mit seiner Geliebten geblieben. Da sei plötzlich
der arme Eduard gestorben. Ein heftiges Fieber habe ihn in
kürzester Frist aus der Mitte seiner Familie hinweggerafft.
Kaum aber habe er die Krankheit erfahren, als er sich durch
nichts habe abhalten lassen und zu dem lieben Freunde geeilt
sei, von dem er nicht mehr gewichen, bis der unerbittliche Tod
ihm die Augen geschlossen für immer. Dadurch und durch das
gemeinsame Leid sei der Alte etwas milder gestimmt worden
und habe ihn auch stillschweigend in seinem Hause geduldet,
jedoch nicht die geringste Annäherung an Henriette gestattet.
Das einmal gestörte Verhältniß sei nicht wieder herzustellen

und das Ende vom Lied ein neuer Streit gewesen. Darauf habe er abermals das Haus gemieden, doch die Beziehungen zu Henriette nach wie vor unterhalten.

Dieses Verhältniß habe etwas über ein Jahr gedauert, als ich ins Haus gekommen. Die fröhliche Laune, in die ich den Vater durch mein Singen versetzt, habe Henriette dann ermuntert, ihn aufzufordern, an dem bewußten Sonntage mit dem Pathen Bobineau nach Romainville zu kommen. Doch da habe er geglaubt zu bemerken, daß ich selbst Henrietten den Hof mache und der Alte mich begünstige. Darauf habe er einen heftigen Zorn gegen mich gefaßt, deshalb sein auffallendes und unschickliches Betragen mir gegenüber auf dem Nachhausewege. Henriette glaubte dann später die Gewißheit erlangt zu haben, daß sie mir ganz gleichgültig und daß ich seiner Liebe nichts in den Weg legen werde. Deshalb sei denn nach einer weiteren Besprechung zwischen den vier Verbündeten beschlossen worden, daß Bobineau, ihn, Alfred, abermals nach Romainville hinaus- bringen solle. Dies sei heute geschehen und er habe sich mit dankbarem Herzen überzeugt, daß ich keine Absichten auf seine Geliebte habe, denn mir verdanke er ja die köstliche Stunde, die er mit seinem Mädchen im Garten zugebracht. Henriette hätte ihn gebeten, sich mir auf dem Nachhausewege vollständig anzuvertrauen, denn nur ich allein könne helfen und würde es auch sicher thun; sie sei von meinem guten Herzen und Willen fest überzeugt. Nun wisse ich alles, meinte er schließlich, und ich solle ihm rathen und besonders helfen, sonst wäre er ein verlorener unglücklicher Mensch.

Der gute Junge dauerte mich von ganzer Seele. Seine Leidenschaft für das Mädchen war groß und unheilbar. Doch was konnte ich eigentlich dabei thun? Um ihn in etwas zu trösten, sagte ich ihm, daß es dem Alten doch wohl nicht mehr ganz so ernst damit sein müsse, seine Tochter nur einem Geschäfts=

mann zu geben. Ich glaubte deſſen ſo ziemlich gewiß zu ſein; brauchte ich doch nur an die Aufmunterungen zu denken, die er mir, einem Künſtler, zu Theil werden ließ. Deßhalb rieth ich meinem Begleiter, ſich dadurch nicht mehr beirren zu laſſen, ſondern gerade darum das Beſte zu hoffen. — Alfred verſtand mich vollkommen; auch Henriette hatte aller Wahrſcheinlichkeit nach den Vater von dieſer Seite durchſchaut und dem Geliebten ihre hierauf bezüglichen Beobachtungen mitgetheilt. Er ſeufzte und meinte dann: „Ja, wenn ich Ihre Talente hätte, wenn ich die hübſchen Lieder Berangers, in die der alte Maillard ſo vernarrt iſt, ſo ſingen könnte, wie Sie, dann —!" — „Nun, ſo verſuchen Sie es doch, ſingen Sie!" rief ich ihm zu. — „Das iſt etwas boshaft von Ihnen, lieber Freund," entgegnete er mir. „Sie wiſſen recht gut, daß ich nicht einmal im Stande bin, einen ordentlichen Ton hervorzubringen, wie viel weniger ein Lied! Mein Onkel Bobineau hat mich auch ſchon dazu aufgefordert, aber es geht einmal nicht."

Dies war in der That alſo. Seine etwaigen Verſuche, die Refrains der Lieder mitzuſingen, waren ſtets total mißglückt und höchſt ſchaubervoll geweſen. Und doch war eben das Singen das einzig ſichere Mittel, die beiden Leutchen glücklich zu machen. Dies ſtand mit einem Schlage vor meiner Seele. Den Gedanken mit Luſt und aller Macht erfaſſend, hielt ich nun meinerſeits mitten auf dem Boulevard inne, faßte den Verliebten ziemlich derb beim Arme und rief: „Ich hab's! — Ich verſchaffe Ihnen Ihre Henriette!" — „Ach, wenn das möglich wäre!" ſchrie der arme Junge laut auf und wollte mir dabei auf offener Straße um den Hals fallen. Mit Mühe wehrte ich dieſen Gefühls- ausbruch ab und fuhr luſtig fort: „Ich mache Sie zum Sänger. In vierzehn Tagen, höchſtens drei Wochen, ſingen Sie die Beranger'ſchen Lieder ſo gut wie Onkel Bobineau, ja wie nur irgend ein Pariſer Kind, mein Wort darauf!" — „Ach, das

wird nimmermehr gehen," entgegnete Alfred, plötzlich wieder
kleinlaut geworden und schwer seufzend.

„Muth, Muth!" rief ich. „Es soll, muß und wird gehen,
wenn Sie nur wollen. Ich bin überzeugt davon!" — Und nun
theilte ich ihm mit, daß ich mit noch sieben Landsleuten, die
sammt und sonders tüchtige Musiker seien, zusammen wohne,
daß somit Geige und Piano, Baß und Cornet-à-Piston zu meiner
Disposition ständen, um ihm die nothwendigen Töne in die Ohren
zu trichtern und zu bohren; daß ich demnach ganz anders operiren
könne und würde, als Onkel Bobineau vielleicht gethan. Ich
sagte ihm ferner, wie ein hochberühmter Pariser Gesanglehrer
vor dem gewähltesten Auditorium, welches sich in stiller Bewun-
derung bei seinen großen Lehrstunden einzufinden pflegte, be-
hauptete, daß man zum Singen eigentlich durchaus keiner Stimme
— was man im gewöhnlichen Leben in Bezug auf Sänger
Stimme nennt — bedürfe, indem nämlich der Ausdruck alles sei,
und daß er sich anheischig mache, jeden Menschen, wenn er nur
ordentlich reden könne, zum Sänger heranzubilden. — So paradox
dieses auch klang, so lieferte der Lehrer selbst den Beweis für
die Wahrheit des aufgestellten Satzes, denn er selbst sang, ohne
eine Spur von Stimme in obigem Sinne zu besitzen, mit einem
Ausdruck, der mir und allen anderen Zuhörern zu öftern Malen
Thränen hervorlockte und wie ich ihn seitdem nimmer wieder
gehört habe.

Alles dieses schien Alfred etwas zu beruhigen, doch nicht
zu überzeugen, und ich bat ihn schließlich, sich nur mir zu überlassen und morgen nach seinem Diner zu mir zu kommen. Ich
gab ihm meine Adresse, und mein armer Freund versprach
trotz seiner Zweifel, sich pünktlich und nachdem sein Büreau
geschlossen, bei mir einzufinden. — Wir waren dort angelangt,
wo unsere Wege sich trennten, nahmen Abschied von einander,
herzlicher denn das letzte Mal, und jeder ging seines Weges.

Am andern Tage erzählte ich den Fall meinen deutschen Landsleuten und Freunden, den Musikern, mit denen ich zusammen lebte, Freud und Leid theilte, und diese versprachen natürlich, mich in meinem löblichen Vorhaben zu unterstützen. Besonders bot sich einer derselben, Freund M., der Instrumentengewandte, zu solchem Exercitium an und war zugleich mit den Andern bereit, den Abend deshalb zu Hause zu bleiben. M. machte sich eine rechte Freude daraus und versprach sich durch die Abrichtung des unmusikalischen Franzosen den größten Spaß. Mit wahrer Lust kramte er seine verschiedenen zur Operation nothwendigen Instrumente aus und breitete sie gleich einem Zahnarzt auf Tischen und Betten, Stühlen und Kommoden aus. Das Piano war geöffnet, drauf lagen einige Geigen, die ihre schärfsten Töne dem Lehrlinge in die Ohren, wenn möglich in Mark und Bein bohren sollte. Am Bette lehnte der Baß, der als schweres Geschütz wirken konnte. Das gellende Cornet-à-Piston, sogar die Clarinette fehlten nicht, um das Arsenal der Instrumente, die diesmal als wahre Materwerkzeuge fungiren sollten, vollzählig zu machen. Es waren großartige Vorbereitungen, die wohl im Stande waren, uns ebenso sehr zur Heiterkeit zu stimmen, als den armen Jungen zu verblüffen und zu beängstigen, als derselbe endlich zur bestimmten Stunde unsere bescheidene, doch lustige Dachwohnung betrat.

Der junge Elegant schaute sich in unserm gar einfachen Aufenthalt anfänglich ein wenig erstaunt um; doch ich beantwortete solche Blicke allsogleich durch den lustig hingeworfenen Refrain des ihm wohlbekannten Liedes: „Wie wohnt sich's mit zwanzig Jahr unterm Dache so gut!" — Diese Beranger'sche Lebensweisheit brachte ihn denn auch sofort wieder in die nothwendige heitere Stimmung, und ich begann nun das gegenseitige Vorstellen und Bekanntmachen in allerschönster Form zu vermitteln. Nachdem wir noch eine Weile geplaudert hatten, begann die erste der sonderbaren Lectionen. M. setzte sich vorerst ans Klavier und Alfred sollte Scala singen. Der gute Junge begann auch mit allem Ernste und aller Kraft seiner Lunge.

Doch, heilige Musika, welche Töne kamen da zum Vorschein! Töne, die nimmermehr in unser unvollkommenes Musiksystem paßten, die uns die Ohren entsetzlich zerrissen und die Lachlust derart weckten, daß M. urplötzlich nicht mehr weiter konnte und gleich den übrigen Freunden losplatzend, zurück in den Stuhl sank, worauf ein gar tolles Lachconcert entstand. Der arme Alfred machte darob ein recht trauriges Gesicht, doch wir ließen solche Traurigkeit durchaus nicht weiter aufkommen, indem wir unsere Heiterkeit bezähmten und ihm Muth einsprachen, die Versicherung gaben, daß es endlich doch gehen würde.

Jetzt, meinte M., müsse man, da wie es schien auf gewöhnlichem, natürlichem Wege nichts zu erreichen sei, lieber allsogleich das Aeußerste und das mit aller Macht versuchen. Er nahm seine Geige und hieß die anwesenden Freunde eben- falls ihre Saiteninstrumente nehmen. Ich ergriff ebenfalls eine Violine, und nun nahmen wir den Delinquenten förmlich in unsere Mitte, hielten die Geigen so hoch und nah seinen Ohren wie nur möglich, und begannen auf ein Zeichen M.'s alle das volle offene A der dritten Saite in langen kräftigen Strichen zu spielen. Der also vervielfachte scharfe Ton, ganz nahe seinen Gehör-Werkzeugen, machte auf den Franzosen eine entsetzliche Wirkung. Er wollte sich aus unserm Kreise und mit Gewalt losmachen. Doch wir ließen ihn nimmer und M. rief ihm zu, zu singen, welchen Ton und was er immer nur wolle. Es war urkomisch mit anzusehen, wie der arme Alfred sich anfänglich die Ohren zuhielt und immer noch den Marterwerkzeugen sich zu entziehen suchte, dann aber sich in sein Schicksal fügend, zu singen begann. Es war ein schreckliches Concert, und wir mußten uns sehr zusammennehmen, um es selbst ertragen zu

können, ohne auf's neue in Lachen auszubrechen. Immerfort
geigten wir, den stets noch Ausreißenden mit den Instrumenten
verfolgend — genau wie die Doctoren es in Molières ein=
gebildeten Kranken, doch mit andern Instrumenten machten —
ihm den einen scharfen gellenden Ton in die Ohren, und immer=
fort versuchte der Arme, ihn mit seiner Stimme zu erhaschen
und nachzuahmen. Doch es wollte und wollte nicht gelingen.
Es waren ganz fremdartige, entsetzliche und höchst schaudervolle
Töne, die zum Vorschein kamen in unbekannten, nicht zu be=
stimmenden Intervallen von dem scharfen und durchdringenden A.
   Als wir uns einige Minuten also abgemartert hatten,
meinte M., daß wir den musikfeindlichen Teufel, der in den
Ohren des Franzosen seinen Sitz aufgeschlagen, noch stärker
beschwören und von allen Seiten und Richtungen, von oben und
unten attakiren müßten. Er selbst nahm nun das Cornet à
Piston, ein Anderer den Baß, der dritte die Klarinette und wir
Uebrigen behielten die Geigen. Hierauf begann der Kampf auf's
neue, den wir noch dadurch unterstützten, daß wir alle den ge=
wünschten Ton zugleich auch sangen, und zwar einer noch dazu
mit scharfer durchdringender Kopfstimme in der höchsten Lage.
Nun erst wurde das Concert, die Kammer= oder besser „Jammer=
Musik" vollständig. Es war ein Klingen, Tönen und Singen
des einen Tons in allen Lagen und Klangfarben, daß fast das
Gebäude erbebte, die Fenster zitterten und die Leute im Hofe
neugierig stehen blieben und verwunderungsvoll horchten. —
Und dazwischen das widernatürliche Singen des Armen, der sich
mit aller erdenklichen Mühe abquälte, bald hoch, bald tief zu
singen versuchte, um das so dringend verlangte A auf irgend
eine Weise zu erreichen und von sich zu geben.
   Da — es mochten fast zehn Minuten vergangen sein —
kamen endlich aus der Kehle Alfreds Töne zum Vorschein, die
einen menschlichern, musikalischern Klang und schon einige

Aehnlichkeit mit dem verlangten A hatten, und laut aufjauchzend arbeiteten wir weiter darauf los. Und siehe da! — es ging immer besser. — Nach einigen weitern Augenblicken schien der antimusikalische Dämon gewichen, und der arme Franzose sang, wenn auch durchaus nicht mit schöner Stimme, doch vollständig im Einklange mit unsern Instrumenten. den verlangten Ton.

Der Sieg war unser und ein wahrer Triumphgesang auf „A", in Form von halsbrechenden Vocalisen erhob sich, durch den die „Ah's!" der Be= und Verwunderung, der endlichen Befriedigung lustig hindurchtönten. In diesen vocalen Jubel mischten sich dann auch die Instrumente. Es war ein Wirren und Schwirren von Tönen, die sich endlich glücklicherweise in einen förmlichen harmonischen Tusch auflösten — glücklicher-weise für den armen Franzosen, der dazwischen herumlief, als ob er verrückt werden sollte. Doch er stimmte endlich selbst mit ein. Es war ja alles gewonnen! Denn konnte der Schüler den einen Ton sicher angeben und singen, so mußte ihm solches auch mit andern Tönen gelingen, und er vermochte demnach auch ganz naturgemäß der Töne mehrere, im Zusammenhange und — ein Lied zu singen.

Nach dieser gewaltigen Anstrengung ruhten wir verdienter Maßen eine Weile, uns des erfochtenen Sieges freuend. Der arme Patient bedurfte auch in Wahrheit der Ruhe, denn er hatte, sein A suchend, derart geschrien und sich abgequält, daß er noch immer fast blau im Gesicht war und kaum dem Angst-schweiß Einhalt zu thun vermochte, der noch immer seine Stirn herabbrann. Ich bemerkte ihm lachend, wie ich wünsche, daß Henriette ihn so schauen könne. Sie würde wohl ein wenig über ihn lächeln, doch ihn sicher noch lieber haben, wenn sie durch seinen Anblick erführe, was er Entsetzliches und Schreckliches durchmache, um sie zu gewinnen.

Alfred war glücklich durch den endlich getroffenen Ton; er

verlangte bald nach weitern Exercitien, und wir begannen auf's neue. Anfänglich ging es in früherer Weise; er brachte statt des angegebenen Tones einen wildfremden Klang hervor, doch bald hatte seine Stimme das gewünschte A gefunden und hielt es fest, sicherer wie vordem. Wir ließen uns keine Mühe verdrießen, arbeiteten lustig fort, und noch am selben Abend hatten wir es dahin gebracht, daß der Schüler ohne allzugroße Schwierigkeiten, doch immer noch mit Hülfe der Instrumente, den bestimmten Ton an= und wiedergeben konnte.

Ich will den Leser nicht länger mit diesen musikalischen Marterstunden behelligen, sondern ihm einfach sagen, wie wir es mit der Zeit dahin brachten, daß der unmusikalische Franzose eine Reihe von Tönen so ziemlich correkt anzuschlagen vermochte. Aber welche Mühe hatte uns dies gekostet! Es war wirklich hohe Zeit, daß es so weit mit ihm gekommen, denn meine Freunde fingen an, die Lust an solchen Concerten zu verlieren, und welcher Musiker, wäre er auch noch so voll jugendlichen Uebermuths gewesen, hätte sie nicht verlieren sollen!

Als Alfred so weit war, nahm ich ihn allein vor. Einige Accorde auf dem Piano und besonders eine Guitarre, die ich wohl zu handhaben verstand, unterstützten mich, und ich ging nun langsam zu den Liedern selbst über. Im Verein mit mir sang er dann endlich die Melodien verschiedener Liedchen so ziemlich, und da er die Verse selbst vollkommen auswendig wußte, den Worten auch den passenden Ausdruck zu geben vermochte, so ging die Sache, wenn auch langsam, doch sicher und recht befriedigend dem gewünschten Ziele entgegen.

Ich hatte mit Alfred verabredet, daß er von nun an nur bann und wann, nicht jeden Sonntag mit seinem Onkel Bobineau nach Romainville hinauskommen, dort sich aber ganz unbefangen benehmen solle. Er müsse alsdann mit dem Alten harmlos und heiter plaudern — natürlich nichts von seinen Singeübungen

— sich nicht zu viel um Henriette bemühen. Auch wäre es besser, meinte ich, und würde den Alten ruhiger machen, wenn er nicht immer bis zur Abfahrt bliebe, sondern früher wegginge. Ein Omnibus würde ihn zum Boulevard bringen, dort solle er dann in einem zu bestimmenden Kaffeehause mich erwarten; wir könnten alsdann noch eins plaudern und später zusammen nach Hause gehen.

Und so geschah es. Wir trafen uns von nun an des öftern in Romainville, und Alfred befolgte dort meine wohlgemeinten Rathschläge. Sein gemessenes Betragen gegen Henriette erwarb ihm eine gegen früher freundlichere Behandlung von Seiten des Vaters, und da er von Hause aus äußerst liebenswürdig und munter sein konnte, auch sich nunmehr des geheimen Kummers in etwas ledig und voller Hoffnungen, also geberdete und betrug, so erwarb er sich nach und nach sichtbar die Zuneigung des Alten wieder, so daß dieser ihn sogar an einem Abende, wo er wie gewöhnlich früher aufbrechen wollte, förmlich nöthigte dazubleiben und mit der Familie bis zum Boulevard zurück zu fahren. Daß dieses glückliche und gelegene Anerbieten dankbar und freudig angenommen wurde, verstand sich von selbst. So ging alles vortrefflich, und manchen warmen, dankenden Händedruck, manchen lieben Blick erhielt ich von der wieder heiter gewordenen Henriette für meine erfolgreichen Bemühungen. Auch Pathe Bobineau, der natürlich alles wußte, war die Liebenswürdigkeit selbst gegen mich, nur mit dem Unterschiede, daß seine lauten Beweise von Zuneigung mich mehr in Verlegenheit brachten als erfreuten.

Der Sommer verging allmälig. In den ersten Tagen des Septembers war Maillards Namenstag, und an diesem Tage sollte der große Schlag ausgeführt werden. Ich hatte mit Alfred eine Menge Lieder von Beranger einstudirt, Lieder aller Art, ernste und heitere, und Alfred sang sie ganz passabel, das heißt im Ausdruck vortrefflich und melodisch ohne Anstoß. Er traf die Töne und wo dies nicht recht gehen wollte, sprach er die Stelle mit der den Franzosen eigenen Manier, die besonders bei den Beranger'schen Liedern sehr am Platze ist und die Wirkung nur erhöht. Auch einige Accorde auf der Guitarre hatte ich ihm beigebracht und eins der Lieder konnte er sogar zur Noth selbst begleiten. Alles stand demnach vortrefflich, und ich war äußerst begierig auf den endlichen Erfolg all dieser Mühen, das Allerbeste davon hoffend dem singelustigen Alten und tyrannischen Vater gegenüber. Und den Andern erst! O wie glücklich waren sie in dem Gedanken, daß die List gelingen würde!

Unter den Liedern, die wir uns vorgenommen hatten an dem bevorstehenden festlichen Tage zu singen, war besonders eines, worauf wir am meisten zählten und von dem wir uns die allerbeste gewünschte Wirkung versprachen. Es war dies ein Lied, betitelt: „der Wanderer", und für zwei vortragende Personen geschrieben. Deshalb war es wohl nicht so allgemein bekannt wie die übrigen Lieder Beranger's. In den letzten Versen mußte Einiges geändert werden, und der Text paßte vortrefflich zu unserer Situation. Diese Aenderungen waren bald besorgt und der Schluß des hübschen Liedes fand sich nun derart umgemodelt, daß er für unsere Lage nichts mehr zu wünschen übrig ließ. Auch durften wir aus früher angegebenem Grunde hoffen, daß der Alte, der seinen Dichter so ziemlich auswendig kannte, die kleine Fälschung nicht bemerken würde. Also wohl gerüstet erwarteten wir den wichtigen, hoffentlich folgereichen Tag, und dieser kam denn auch endlich heran.

Der alte Maillard hatte große Vorbereitungen zu seinem Festtag getroffen. Henriette hatte höchst eigenhändig eine Menge Einladungen auf zierlich gerändertes Papier schreiben müssen, die dann durch die Stadtpost ihren Adressen zuflogen. Auch ich, obschon seit länger denn ein Vierteljahr zu dem Feste

wiederholt eingeladen, empfing solch ein hübsches Billetchen, daß
mir mit seinen klaren und festen Schriftzügen von der Hand
Henriettens rechte Freude machte. Doch zum wahrhaft Glücklichen machte ein solches Briefchen Freund Alfred. Triumphirend
zeigte er es mir als Beweis, daß Vater Maillard ihm zur Zeit
lange nicht mehr so abgeneigt sein müsse wie früher, denn seit
zwei Jahren habe er keine derartige Einladung mehr empfangen.
Auch bemerkte ich, daß Henriette Alfreds Einladung äußerst
schön ausgeführt hatte, ganz anders noch als die übrigen
Blättchen. Ich theilte dies dem glücklichen Schwärmer mit,
zeigte ihm zum Beweise mein eigenes Billet, und wie toll tanzte
er, sein Briefchen vor Freude küssend, in meiner Stube umher.

Wir nahmen Rücksprache, wann und wie wir nach Romainville hinauswollten. Es wurde beschlossen, einen eigenen Wagen
zu nehmen, da wir auch noch Allerlei mitzunehmen hatten. Um
nämlich nichts zu verabsäumen und meinen Bestrebungen im
Interesse der beiden Liebesleutchen den besten Erfolg zu sichern,
hatte ich zu meiner frühern Beschäftigung zurückgegriffen. Als
früherer Zögling der Modellirklasse der école des beaux arts,
hatte ich die vergessen in einem Winkel schlummernden Modellir-
werkzeuge wieder hervorgesucht und nach einem vorhandenen
Portrait Berangers eine lebensgroße Büste in rothem Thon
geformt. Ich hatte den Dichter nie gesehen, doch war die Büste
dem Portrait, welches allgemein als getroffen galt und sehr
bekannt und beliebt war, recht ähnlich. Zum Ueberfluß hatte
ich auch noch den Namen in den Sockel eingegraben, und so
konnte kein Zweifel mehr obwalten, wen der gewaltige Kopf
mit seinen langen Haaren darstellen sollte. Diese Büste nun
sollte Alfred dem Vater Maillard verehren und wir hofften, daß
sie bekränzt mit frischem grünem Lorbeer den Alten schon in die
rechte und nothwendige Stimmung für unser Unternehmen versetzen würde.

Zur bestimmten Zeit kam der Wagen und wir beide, Alfred und ich, bewehrt und bewaffnet mit Guitarre und Büste und dem Arsenal der Beranger'schen Lieder, fuhren hinaus nach Romainville, den Kampf mit dem in dieser Hinsicht recht tyrannischen, ja bockbeinigen Vater zu bestehen.

Im Garten Maillards war, als wir endlich anlangten, schon alles voller Leben. Alte Freunde, Verwandte und Nachbarn, die den wackern Maillard nur an diesem Tage zu besuchen pflegten, hatten sich eingefunden und umringten den Alten, der mit seiner ehrsamen Hälfte in einer Laube vor einem mit Eß- und Trinksachen schwer beladenen Tische thronte und die verschiedenen Huldigungen und Glückwünsche in Empfang nahm. Im Garten trieben sich die Familien der Geladenen umher, unter denen sich manches allerliebste Gesichtchen befand. Bobineau in seinem schönsten Staate, mit gewaltiger funkelnagelneuer Cravatte, die steif wie ein Brett zu sein schien, stand dem Ehepaar, Glückwünsche empfangend und beantwortend, helfend zur Seite, während Henriette, in freundlichster, geschmackvollster Toilette, mit strahlendem Antlitz bald hier, bald dort, bei Alt und Jung war, lachend, plaudernd und zur Lust animirend.

Wir wurden mit lautem Jubel empfangen, und besonders Bobineau, der in der That das große Wort führte, machte einen wahren Heidenlärm. Er wußte wohl, um was es sich handelte, und sein Heldenherz mochte ihm nicht wenig unter dem altmodischen Frack schlagen bei dem Gedanken, ob seinem leibeigenen Neffen der kühne Sturm auf das Herz des Vaters und dessen fünfmalhunderttausend Franken schweres Töchterchen gelingen würde. — Ich schwenkte beim Eintreten grüßend meine Guitarre der Hauptgruppe entgegen, postirte mich dann vor den Alten, der sich erhoben, und angeregt von dem Jubel, der allgemeinen harmlosen Heiterkeit, griff ich kühn in die Saiten meines Instruments und improvisirte einen kurzen musikalischen Glück-

wunsch im stylo recitativo, den ich, von etlichen Accorden
unterstützt, mit möglichsten Pathos vortrug.

Neuer, lauter Jubel erhob sich, als ich geendet, und der
Alte wollte mich umarmen in der Freude seines Herzens. Doch
Bobineau kam ihm zuvor, auch sein Herz war zu voll. Hatte
er doch gesehen, wie mein lustiger Scherz so erheiternd auf den
zu überrumpelnden und zu besiegenden Alten gewirkt hatte. Er
mußte sich Luft machen und umarmte mich dermaßen, daß mir
fast der Athem ausging. Als ich mich endlich von ihm losgemacht, bat ich um Ruhe, indem nunmehr mein Freund Alfred
seinen Glückwunsch vorzutragen habe, der sicher noch ganz andern
Effekt machen würde. Alles hatte sich schon um uns versammelt
und Alfred trat nun vor den alten Maillard mit der gewaltigen
Büste, die jedoch durch eine Serviette noch vollständig bedeckt
wurde, was die Neugierde des Alten und seiner Gesellschaft
nicht wenig reizte. Mit wenigen doch herzlichen Worten, die
wahrhaft tief aus seinem Innersten kamen, brachte er dem alten
Manne seine besten Wünsche für sein ferneres Wohl und das
seiner Familie dar. Dann bat er um freundliche Aufnahme
der kleinen Gabe, entfernte die Hülle und hielt dem Alten die
Büste des Volksdichters entgegen.

Maillard hatte das Gesicht gleich erkannt. Er schrie freudig
auf und streckte die Hände nach dem thönernen Conterfei seines
Lieblings aus. Alfred pflanzte es alsogleich vor ihm auf den
Tisch auf, nahm den von Henrietten bereitgehaltenen Lorbeer-
kranz und setzte solchen mit etlichen passenden Worten dem Dichter
auf das Haupt. Dem Alten traten die Thränen in die Augen,
und da er schon vorher auf dem Punkte gestanden, seinem
Herzen durch die zugedachte Umarmung irgend eine Erleichterung
zu verschaffen, um die er indessen durch Bobineau gekommen,
so breitete er nunmehr auf's neue die Arme aus, und rasch stieß

ich den noch immer zögernden Alfred hinein, der dann auch die Umarmung in schönster Form empfing.

Das Eis schien jetzt schon gebrochen; die fast unnatürliche Halsstarrigkeit und Bockbeinigkeit des sonst so guten Maillard's dem armen Alfred gegenüber schien gewichen, denn der Alte beeilte sich durchaus nicht, den Gegenstand seiner frühern Abneigung sobald aus seinen Armen loszulassen. Alfred erhielt sogar von ihm drei vollständig ausgeführte Küsse, die, wenn auch nicht ganz so süß schmeckend wie diejenigen der Tochter, ihm doch wahrhaft himmlisch vorkommen mußten, denn sie waren so laut und herzlich, daß die ganze Gesellschaft sie nicht allein genau sehen, sondern noch genauer und deutlicher hören konnte. Welche Freude dieser Auftritt unter den Haupthelden der Situation hervorbrachte, läßt sich kaum beschreiben. Ruhig, so ruhig als möglich beobachtete ich Alle. Bobineau, im Vorgefühl des sichern Sieges über das tyrannische Herz und die fünfmalhunderttausend Franken des Vaters, konnte nicht mehr jubeln — und hatte es auch durchaus nicht nöthig, denn die übrige Gesellschaft machte den möglichsten Lärm. Mit der Kragenklappe seines Frackes wedelte er sich Kühlung zu, während er zugleich mit der andern Hand an seiner brettsteifen Cravatte nestelte, um sich auch auf diese Weise mehr Luft und Erleichterung zu verschaffen. Dabei brummte er allerlei Worte, von denen ich nur das eine: „Million!" vernehmen konnte. Ob solches zu einem Million=Schock=Donnerwetter=Fluche gehörte, oder sich auf die halbe Million Mitgift bezog, vermochte ich indessen nicht zu entscheiden. — Henriette war auf den Vater zugeeilt — im Vorbeifliegen hatte sie Zeit gefunden, Alfred einen liebevollen seligen Blick zuzuwerfen und mir einen nicht minder sprechenden Händedruck zu Theil werden zu lassen. Dann hatte sie den Vater umarmt, und während der glückliche Alte noch feuchten

Auges die Büste seines Lieblingsdichters betrachtete, umschlang sie seinen Hals auf's neue und küßte ihn auf die Stirn.

Nach dem Auftritt hatte ich Alfred rasch bedeutet, sich seiner Rührung nicht allzusehr zu überlassen, sondern unbefangen und heiter in der Runde fortzuplaudern. So ging er dann zur Mutter, und diese empfing den jungen Mann auch mit ihrem allerfreundlichsten Gesichte.

Der Alte hatte sich endlich satt gesehen an dem blaßrothen thönernen Kopfe. Eine Tafel wurde herbeigeholt, auf derselben ein Stuhl angebracht, das Ganze mit bunten Tüchern und Shawls der Gesellschaft drapirt, die Büste oben drauf gestellt und dies originelle Monument sodann auf dem Rasenplatz vor dem Hause aufgepflanzt. Alle Blumen, die Maillard erhalten hatte, wurden ringsum geordnet und gruppirt, wodurch der improvisirte Altar ein überaus freundliches, festliches Aussehen gewann. Jetzt wurden gefüllte Gläser herumgereicht und laut jubelnd auf das Wohl Maillards angestoßen. Ein freundlicher bittender Blick des Alten kündete mir an, was er eigentlich noch wünsche, und hoch mein Glas erhebend forderte ich die Anwesenden auf, kräftig in den Refrain des Liedes miteinzustimmen, welches ich jetzo singen würde.

Da lagerte sich denn die ganze heitere und harmlose Gesellschaft, die Jüngern auf den Rasen, Andere wieder saßen auf den Gartenbänken, oder auf nah zusammengerückten Stühlen, in bunten hübschen und lustathmenden Gruppen, und alle rings um den Jubelgreis und die Büste Berangers. Die gefüllten Flaschen standen in Menge umher auf Tischen und auf dem Boden, und jeder, ohne Unterschied des Alters, des Geschlechts, hielt sein volles Glas. Ich stimmte das Lied an, welches Beranger zum Lobe des Alters gedichtet und das so vortrefflich zu unserer Situation paßte, und alle Anwesenden sangen lustig den Refrain mit.

4

„Das Leben stets mit Luft genießen,
    Ihr Freunde, heißt nicht älter werden;"

hallte es laut und lustig durch den Garten, und die beiden
alten Maillards sangen fröhlich mit, stießen mit einander an,
tranken und schauten sich dabei so heiter und vergnügt in die
Augen, als ob Beranger alle Strophen auf sie selbst gedichtet hätte.

In der That paßte das Lied, wie gesagt, ganz vortrefflich
auf das alte liebe Ehepaar. Das fühlte dieses ebensogut wie
die ganze Gesellschaft, und deshalb fand dasselbe mit seinem
Refrain so lauten Wiederhall in den Herzen Aller. Als ich daher
zum Schluß in ein lautes Hoch ausbrach, stimmten alle Anwesenden begeistert und laut jubelnd mit ein und umringten
händedrückend den alten gerührten Maillard und seine würdige
Hälfte. Bobineau that sich dabei durch abermalige Kraft-
anstrengung seiner Lunge baß hervor und Alfred mußte wieder
wie früher durch mich ziemlich unsanft auf den rechten Weg
genöthigt oder vielmehr gestoßen werden, um bei den Hände-
drücken, den Umarmungen der Alten nicht leer auszugehen.
Vater Maillard schien durchaus keinen Groll mehr gegen irgend
jemand zu hegen und derselbe liebevolle Blick traf mich, wie
meinen armen, doch nunmehr sich schon recht glücklich fühlenden
Freund.

Bobineau war an der Reihe. Mit seiner schnarrenden
Stimme sang er das Lied vom Glücke:

„Pan, pan, Ist es mein Mädchen,
    Pan, pan, Das klopft an der Thür?
Pan, pan, Das Glück ist's, sein Mädchen!
    Pan, pan, Nicht öffne ich dir."

Ebenso lustig wurde von den Uebrigen dies heitere, hübsche
Liedchen mitgesungen, und als es zu Ende, schien mir der Zeit-
punkt gekommen, nunmehr den neugebackenen Sänger loszulassen.
Die rauhe unschöne Stimme des ehemaligen Sergeanten der

großen Armee hatte den Uebergang am besten vermittelt, und ich durfte sicher hoffen, daß mein Schüler nunmehr Effekt machen würde. Ich kündigte deshalb der Gesellschaft, besonders aber dem Vater Maillard an, daß mein Freund Alfred bereit sei, dem heutigen festlichen Tage zu Ehren auch ein Liedchen zu riskiren. Die Gesellschaft erstaunte nicht wenig, und der Alte riß Augen und Mund gewaltig auf, kaum ein höchst ver= wunderungsvolles langgedehntes „A — h?" hervorbringend. Henriette wurde merklich blässer, und auch Pathe Bobineau fing bei diesem entscheidenden Momente schon wieder an verlegen an seiner Cravatte zu zerren und zu arbeiten. Auch schien Alfred den Muth etwas zu verlieren; doch ich forderte ihn rasch auf, sich zusammen zu nehmen, indem von diesem Erfolge wohl das meiste abhinge. Ich nahm die Guitarre, setzte mich neben ihn, gab ihm ein volles Glas, und meine rechte Hand, die einige Accorde griff, fuhr ihm, von den Saiten abspringend, höchst bedeutungsvoll in die Rippen. Da ermannte der arme Junge sich denn endlich, und alle Kraft zusammennehmend, „die Lust und auch den Schmerz", begann er, nachdem ich ihm wiederholt den ersten Takt des Liedes in die Ohren gebrummt, das bekannte Lied von Roger Bontemps.

Der alte Maillard liebte dies Liedchen, welches ich selbst ihm schon unzählige Male hatte singen müssen, außerordentlich; er fand seine eigenen Maximen auf's richtigste und schönste darinnen ausgesprochen. Er kannte es natürlich in= und aus= wendig, und vor Erstaunen vermochte er sich nicht zu finden, als Alfred ganz ohne Anstoß mit richtiger Melodie und schönstem Ausdruck den ersten Vers sang. Dies Erstaunen verhinderte ihn sogar anfänglich, den Refrain:

> „— Nur lustig! ist die Devise
> Des dicken Roger Bontemps!"

mitzusingen. Was er da hörte, ging in der That über seinen

4*

Horizont. Der junge Mann, der stets die Refrains der Lieder, die er mitgesungen, total verdorben und umgeworfen, sang nunmehr mit ganz passabler Stimme und richtigstem Ausdruck das ganze Lied, und alles klang gut, hübsch, sogar viel besser und schöner als das Singen seines sing= und liederkundigen Oheims Bobineau! Das war zu viel, zu arg, zu überraschend für Papa Maillard. Er hatte sich erhoben; die Arme auf den Tisch gestützt, neigte sich sein Oberkörper immer mehr dem Sänger zu, und dieser, durch den allgemeinen Effekt, den er hervorbrachte, ermuthigt, sang immer weiter, dreister, lustiger und besser. Die Züge des alten Maillard's gingen endlich aus dem Erstaunen in den Ausdruck der Freude über. Seine anfänglich etwas starren Augen begannen wieder vor Lust zu leuchten und die Lippen murmelten endlich auch die beliebten Refrains:

„— Nur lustig! das ist der Reichthum — die Weisheit —
Des dicken Roger Bontemps!"

mit, bis er endlich ganz wieder der Alte, die letzten Zeilen lautauflachend mitsang und dann, sich vor Freude schüttelnd, auf den Stuhl warf.

„Alfred! — Junge, was ist mit dir vorgegangen? — Welch ein Wunder hat das zu Wege gebracht? — Du singst!" — Also rief er, da das Lied zu Ende war unter Staunen und Lachen, zugleich beide Hände dem jungen Manne entgegenstreckend. — Ein abermaliger Stoß von mir brachte den glücklichen Sänger in seine Nähe, und während sich beide die Hände kräftig schüttelten und drückten, rief ich, das Eisen immerfort schmiedend derweil es warm war: „Oho, Vater Maillard, Ihr werdet noch ganz andere Wunder sehen und hören. Alfred ist ein ganzer Sänger geworden. Er wird Euch nicht allein die schönsten Lieder Beranger's singen, sondern sich sogar mehrere auf diesem herrlichen sechsfach besaiteten Instrumente begleiten. Allsogleich soll er, wenn Ihr es wünscht, eine weitere Probe seines doppelten Talentes ablegen."

Der Alte machte auf's neue große Augen. Doch ich ließ Niemand Zeit zu weitern Fragen, Antworten und Erklärungen, sondern drückte Alfred den Seufzerkasten in die Hand, hob ihn voll Uebermuth fast gewaltsam auf einen Stuhl, und also in der Höhe, die ganze Gesellschaft beherrschend, sang er ein zweites Lied, welches er mit den einfachen wohleinstudirten Accorden ohne Fehler und Anstoß begleitete.

Jetzt erreichte das Erstaunen, dann die Freude, der Jubel den höchsten Grad. Alles applaudirte, bekomplimentirte den Sänger und am tollsten schrie und lärmte Bobineau, der laut Alfred für den besten Liedersänger erklärte, den er jemals gehört. Vater Maillard dankte dem jungen Manne abermals herzlich und wollte seine Hand gar nicht loslassen, ihm zugleich unverholen seine große Freude kundgebend. Nur Henriette stand in dem allgemeinen Jubel und Trubel still zur Seite des Alten und schaute mit feuchten Augen, doch glücklich, auf den Vater, den Geliebten. Ihre Blicke wandten sich nur von ihnen ab, um die meinigen zu suchen und mir solche des herzlichsten tiefempfundenen Dankes zuzusenden. Ich ließ Alfred nunmehr bei dem Alten, da Henriette sich zu andern Gruppen wandte. Der junge Mann verstand die Gelegenheit wohl zu benutzen und plauderte heiter und unbefangen mit dem Vater und seiner nächsten Umgebung. Bald hatte ich Henriette etwas abseits geführt und wünschte ihr Glück, daß alles so vortrefflich gehe.

Das Mädchen drückte mir beredt die Hand, schüchtern und zagend fragend, ob ich denn wirklich Hoffnung hätte, daß es auch ferner gut gehen würde? — „Zweifeln Sie nicht daran, liebe Henriette," flüsterte ich ihr zu. „Kaum hätte ich gedacht, daß der Vater sich so rasch belehren würde; doch jetzt, da dies geschehen, bin ich meiner Sache so gut wie gewiß, und heute noch feiern wir Ihre Verlobung." — Henriette seufzte schwer und schüttelte noch immer zweifelnd den Kopf. „Henriette, ich

biete Ihnen eine Wette an!" entgegnete ich der hübschen be-
drängten Zweiflerin rasch. „Mißlingt es heute, so mache ich
morgen offen den Freiwerber bei Ihrem Vater und ruhe nicht
eher, bis ich ihm den Kopf zurecht gesetzt habe. Gelingt es
aber dennoch, so erhalte ich dafür nach der Verlobung den ersten
Kuß von Ihnen! — Gilt es?" — Das Mädchen senkte erröthend
das Köpfchen und wandte sich rasch von mir ab, mir jedoch noch
herzlich und warm die Hand drückend. Ich machte mich nun
auch wieder in die Nähe der Hauptpersonen meines kleinen Lust-
spiels, um wenn nöthig zu helfen, zu unterstützen. Doch Alfred
und der Alte plauderten lustig fort, als wenn niemals eine
Differenz zwischen ihnen bestanden, und der ganze Kreis war
in bester, heiterster Laune.

Also verging der schöne, für meine lieben Freunde und auch
für mich so wichtige Nachmittag. Bei Tische saß Alfred
Henrietten gegenüber und ich bemerkte zu mehreren Malen, daß
wenn er freundlich und anhaltend mit ihr sprach und des Vaters
Auge beide dabei überraschte, dieser Blick durchaus nicht mehr
so finster denn früher war. Alles stand vortrefflich, und es galt
nur noch den letzten entscheidenden Schlag zu führen.

Die Tafel, die uns die ausgesuchtesten Speisen und besten
Weine gebracht hatte, ging zu Ende. Das Dessert war in
ungeheuren Massen aufgepflanzt worden, und naschend, trinkend
und nippend ließ sich die ganze große und bunte Gesellschaft
nach Herzenslust gehen. Daß jetzt wieder gesungen werden
mußte, war ganz natürlich, und ich machte auf den Wunsch
Vater Maillard's abermals den Anfang. Ich durfte es jetzt
schon wagen, eines der heiteren, etwas freieren Liedchen Beranger's
zu singen, die sich übrigens im Französischen bei weitem nicht
so gefährlich anhören wie in einer etwaigen deutschen Uebersetzung. Die ganze Gesellschaft, durchaus nicht prüde, lachte
herzlich und stimmte ebenso lustig in die Refrains mit ein.

Alfred sang dann auch, und diesmal noch weit besser, freier und lustiger als vorher. Auch der Alte gab mit seiner etwas zitternden Stimme das Lied des Greisen zum Besten, mit seinem Refrain:

„Freunde des Weins, des Ruhmes und der Schönen,
Des Greisen Lieder höret freundlich an!“

Wir hatten alle das Lied mit wahrer Andacht mitangehört und mitgesungen. Ein donnerdes Hoch auf Vater Maillard war Dank und Antwort der Gesellschaft, und der gerührte frohe Alte stieß mit Allen an, wobei er zu vielen Malen von Jung und Alt umarmt und geküßt wurde, und als Revanche des öftern ebenfalls umarmte und küßte. Jetzt war die Stimmung zu unserm Unternehmen die rechte, der Zeitpunkt gekommen, wo es sich entscheiden mußte, ob wir siegen würden oder nicht. Ich kündigte nun dem Alten und der Gesellschaft an, daß wir, Alfred und ich, ein Lied zu Zweien singen würden, und bat um gehörige Aufmerksamkeit und Ruhe. Dann nahm ich die Guitarre zur Hand, pflanzte mich mit meinem, ein wenig zitternden Collegen vor dem alten Maillard auf, gerade unter der Büste Beranger's, und nun begannen wir nach einer kurzen Einleitung und unter lautloser Stille das Lied des Wanderers.

Es war wie gesagt ein Zweigesang zwischen einem armen verbannten, ruhelos durch die Welt irrenden jungen Manne und einem Greisen, der den Klagenden tröstet, dem Müden Ruhe und Obdach gewährt, ihm in seiner Hütte eine neue Heimath bereitet, ihn endlich an Stelle des gestorbenen Sohnes aufnimmt und schließlich durch seiner Tochter Hand wieder zu neuem Leben führt und dauernd glücklich macht. Die eine Strophe enthielt die Klagen des jungen Wanderers, die Ausbrüche seiner Verzweiflung, die andere wieder die Antworten, die Tröstungen des Greises. Alfred hatte natürlich die Worte des jungen Mannes zu singen, ich die des alten Vaters.

Wir hatten uns, wie schon gesagt, dicht vor dem alten
Maillard aufgepflanzt und ich derart, daß die inhaltschweren
Worte meiner Strophen ihn unmittelbar und Schlag auf Schlag
treffen mußten. Der alte Melomane hatte noch dazu die Gewohnheit, alle Lieder, die er kannte, ganz leise mitzubrummen,
also den Text gleichsam doppelt auf sich einwirken zu lassen.
Gleiches versuchte er auch bei solchen Liedern zu thun, die ihm
fremd waren. Nichts böses ahnend saß er da, heiter und vergnügt wie bisher, und hielt die Hand Henriettens, die wohl
wissend, um was es sich handelte, zu ihm getreten war und ihn
mit dem einen Arme umschlungen hielt, während auch die Mutter
sich langsam herbeimachte. — Alfred begann seine Klagen, ich
antwortete. Flüchtig übersetzt, mögen die Antworten des Greises
etwa folgendermaßen lauten:

> „Das Schicksal ist grausam oft, doch schwinden
> Die schlimmen Zeiten, rein wird die Bahn.
> Der Herr, der dich mein Haus ließ finden,
> Der Herr giebt den Freund dir, sei glücklich fortan!"

> „Mein Arm sei dir als Stütze verliehen,
> Der Ruhe bedarfst du, dir biet' ich sie an.
> Wie du mußt' auch ich einst die Welt durchziehen;
> Der Herr giebt den Freund dir, sei glücklich fortan!"

Bis hieher war alles gut gegangen. Der Alte hatte zwar
ein weniges aufgehorcht, doch arglos den Refrain mitgesungen.
Jetzt aber wurde es anders. — Ich sah Henriette erbleichen
und mir selbst wurde es etwas bange zu Muthe. — Die Antwort
des Greises lautete in der nun folgenden Strophe:

> „Nie sollst du mehr von der Seite mir weichen,
> Von mir fortan Brod und Wein empfahn.
> Mein Sohn, wenn er lebte, würde dir gleichen.
> Der Herr gibt den Freund dir, sei glücklich fortan!"

Diese wunde Stelle berührt, wurde das Gesicht Maillard's
auf einen Schlag ein anderes. Den Athem gewaltsam zurück-

haltend, blieb sein Mund mitten im Summen und Brummen fast krampfhaft geöffnet, und die Augen, die schon anfingen feucht zu werden, weit aufgerissen, schaute er starr mich an. Ich ließ mich nicht irre machen uud mit allem Ausdruck, dessen ich nur fähig war, sang ich weiter, ihn fest und fester an-schauend:

„Die Hütte, von dir als Heimath erkoren,
Mag schirmend für's Leben dich umfahn.
Sei Du der Sohn mir, ben ich verloren —
Der Herr giebt den Freund dir, sei glücklich fortan!"

Des Alten Thränen flossen. Auch Henriette weinte laut, und krampfhaft umschlangen ihre Arme den Vater, während die Mutter ebenfalls eine seiner Hände ergriffen. — Nun sang Alfred:

„Hab' Dank, mein Vater, für solche Worte!
Hab' je ich Unrecht an dir gethan,
So öffne der Gnade des Herzens Pforte.
Mein Herz wird dir vergelten fortan!"

Und von dem Augenblick übermannt, sprang er auf und stürzte, alles um sich her vergessend, vor dem Vater Maillard auf die Knie nieder. Auch er weinte und durch die Thränen, die Arme bittend nach ihm ausstreckend, rief er ihm zu: „Ver-zeihung!" — Unaufhaltsam, rasch sang ich den Schlußvers:

„Sieh meine Tochter zu dir sich neigen,
Ihre Augen den Bruder, den Freund in dir sahn!
Komm, sei mein Sohn! Mein Kind sei dein eigen!
Der Herr giebt den Freund dir, sei glücklich fortan!

Doch ich konnte kaum zu Ende singen, denn Schluchzen und Jubel war allgemein losgebrochen. Henriette war auch, noch während meiner letzten Strophe vor dem Vater auf die Knie gesunken und vereint mit dem Geliebten hauchte sie: „Verzeihung, Vater — Verzeihung!"

Der Alte war keines Widerstands mehr fähig. Der letzte Rest der Abneigung gegen den jungen Mann, den Freund seines

verstorbenen Sohnes, war dahin, und wohl nur noch Liebe zu
ihm empfand sein Herz. Er vermochte weiter nichts zu rufen
als: „Meine Kinder!" — und beide aufhebend, sie an sein Herz
drückend, sank er zurück in seinen Stuhl, mit mir die letzte Zeile
des verhängnißvollen Liedes murmelnd: „Der Herr giebt den
Freund Dir, sei glücklich fortan!"

Die vielen Gäste mit der Sachlage alle so ziemlich vertraut,
waren aus ihrem Staunen über diesen unerwarteten und höchst
ergreifenden Auftritt theils in lautes Schluchzen, theils in noch
lautern Jubel übergegangen. Bobineau, der tapfere Sergeant
der großen Armee, weinte oder heulte vielmehr, und ich war
der Unglückliche, der ihm als Ableiter für seine herzbrechende
Rührung dienen mußte. Auf mich kam er zu, umarmte, küßte
mich, so sehr ich mich auch sträubte. Er müsse, könne mir nicht
genug danken, meinte er. Doch vermochte er leider vor Rührung
seiner Dankbarkeit keine Worte zu geben, und desto stärker nur
drückte und preßte, küßte und be — weinte er mich. Während
ich mich also mit dem alten Onkel=Pathen und ehemaligen
Napoleonischen Helden herumschlug, hatte die Hauptgruppe schon
die Beglückwünschungen der meisten Anwesenden empfangen, und
die Rührung hatte der Freude bedeutend weichen müssen. Ich
machte meinen Quäler aufmerksam, daß wir dort nicht fehlen
dürften; doch es half nichts, er wollte vorerst nur mir, mir ganz
allein danken, „dem braven wackern jungen Manne," durch den
sein Neffe nunmehr glücklich sein Ziel erreicht. Endlich wurde
ich doch aus dieser durchaus nicht angenehmen Lage erlöst, denn
Henriette kam mit dem Alten und der ganzen Hauptgruppe auf
mich zu, mir zu danken. Ohne sich im geringsten zurückzuhalten
— im Herzen wohl unserer Wette gedenkend — fiel sie mir um
den Hals und küßte mich frischweg auf die Lippen. — Ach, es
war ein heißer, feuriger Kuß, und ich konnte neben dem Genießen
nur tief bedauern, daß es der erste und — der letzte sein würde!

Mir, meinte sie laut, gebühre am heutigen Abend nach dem Vater der erste Kuß, denn mir allein verdanke sie ja nunmehr ihr Lebensglück.

Auch Alfred und der Alte umarmten mich und drückten mir so warm die Hand, daß es mir selbst warm um's Herz und feucht in den Augen zu werden begann. Um mich vor solcher gewaltsam auftauchenden gerührten Stimmung zu schützen, nahm ich rasch mein Glas und rief, indem ich auf die bekränzte Büste Berangers deutete: „Nicht mir, Freunde, habt ihr diese glückliche Lösung zu danken. Er, der liebe, prächtige Dichter und seine herrlichen Lieder haben allein das Wunder vollbracht. Deshalb soll auch nunmehr unser erster Trinkspruch heißen: „Beranger und seine Lieder, hoch für immer!" Und: „Hoch! — Hoch! — Hoch!" schallte es durch den weiten Raum. Und die Abendlüfte trugen den Schall fort und weit hinaus in's Freie. O hätten sie ihn tragen können bis zu dem einsamen Orte, wo der alte Sänger zur Zeit weilte! Er wäre sicher um eine große und reine Freude reicher geworden! — —

Was soll ich noch weiter erzählen? — Henriette und Alfred wurden ein Paar und glücklich. — Nach der Geburt ihres ersten Kindes verließ ich Paris und die beiden Familien, mit denen ich stets in herzlichstem Verkehr geblieben war. Beim Abschied gab mir Henriette — oder vielmehr Madame G. — als Andenken eine elegante schöne Schreibmappe, die auf dem obern Deckel, inmitten zierlicher, bunter und von ihr selbst gefertigter Stickerei noch zwei kleine Daguerreotypen, ihr Portrait und das ihres Mannes, zeigte.

Mehr als fünfundzwanzig Jahre sind seitdem vergangen. Die gestickten Blumen der Mappe, die noch vor mir auf meinem Schreibtisch liegt, sind verblichen und farblos geworden, die beiden Daguerreotypen kaum mehr zu erkennen, aber ungeschwächt lebt die Erinnerung an jene Zeiten und Vorfallenheiten, an die schöne Henriette, die sicher, wenn sie überhaupt noch auf der Erde wandelt, noch immer eine schöne Frau sein muß, in meiner Seele. Und will ich jene Bilder mit ihren frischesten Farben, ihrem lebhaftesten Glanze wieder wachrufen und hervorzaubern, so brauche ich nur eines jener Beranger'schen Lieder zu singen. Und das thue ich denn auch zuweilen, lieber Leser, und habe es besonders gethan während ich diese Zeilen schrieb.

II.

Ein Mittag bei den Invaliden.

Unsere kleine Kolonie hatte wieder einmal schlimme Zeiten; weder Stundengelder, noch Gehalte, noch irgend ein Zuschuß aus dem lieben deutschen Vaterlande wollten eingehen. Obschon uns letztere Quelle am allersparlichsten floß, so waren wir doch zur Stunde ihres Erscheinens, Sprudelns und Zufließens so ziemlich gewiß. Einer der Unsern, ein junger talentvoller junger Geiger aus einem kleinen Städtchen Norddeutschlands, wurde, weil seine Eltern ganz unbemittelt waren, von der Ge= meinde seines Ortes unterstützt und erhielt von dieser halbjährlich eine kleine Summe. Dieses Geld nun sollte täglich, stündlich ankommen; wir hatten fest darauf gerechnet, gehofft; rechneten, hofften noch immer darauf, aber — es kam nicht, wodurch unsere Lage um Nichts besser und angenehmer wurde. Die letzte Einnahme jener Tage waren sechzig und einige Franken gewesen, der monatliche Gehalt, den ich als Orchestergeiger bei dem ersten öffentlichen Koncert=Etablissement der Stadt bezog.

Ich habe mich zwar dem geneigten Leser bis jetzt nur als Sänger vorgeführt, und es wäre durchaus nichts Auffallendes dabei, wenn ich auch zugleich Geiger gewesen. Doch dem war nicht also; letztere Kunst war mir fremd, und dennoch fungirte ich als Orchesterspieler. Hier dieses Räthsels lustige Lösung. Unser instrumentengewandter M. hatte kurz vor jener Zeit die musikalische Direktion jener öffentlichen Koncerte, bei denen unsere ganze Kolonie mitwirkte, übernommen. Als wir dieses

freudige Ereigniß gebührend feierten, warf sich fast von selbst
die Bemerkung auf, daß ich der Einzige von uns sei, der keine
Anstellung bei jenem Etablissement habe. M. meinte, daß er
diesem Uebelstande schon mit Nächstem abhelfen würde. Bei
der ersten Vakanz im Orchester versetzte er die Mitglieder nun
derart, daß eine Stelle bei der zweiten Violine und an einem
Pulte, an welchem einer der Unsern saß, frei wurde. Sodann
schlug mich M. der Administration vor, und da er als Dirigent
über die Annahme eines Mitgliedes zu entscheiden hatte, mich
als jungen, doch befähigten Geiger zu kennen vorgab, wurde
ich denn auch sogleich und mit einem Gehalte von sechzig und
einigen Franken angestellt und figurirte von nun an als Mit-
glied jener großen Koncerte. Wie Dies möglich gemacht und
auf die Dauer durchgeführt wurde, war, obschon etwas gewagt,
doch in der That gar lustig, und sicher bei unserer Lage, unsern
Jahren auch verzeihlich. Ich hatte als Knabe daheim ein wenig
Geigenspielen gelernt, doch es — Dank meinem allzugutmüthigen
Lehrer und meinem Nichts weniger als rühmlichen Eifer und
Fleiß — nie weiter gebracht, als bis zu den leichten Duetten
des alten Cramer oder irgend einem unschuldigen Walzer. Dies
Wenige hatte ich zur Zeit wieder vollständig und gründlich
verlernt. Doch ich wußte die Geige zu halten, den Bogen zu
führen, und war vor allen Dingen auch musikalisch genug, um
die Noten lesen, die Blätter unserer Stimmen umwenden zu
können. Das genügte vollständig, und so saß ich denn mitten
in dem starkbesetzten Orchester und geigte lustig, und scheinbar
wie die Andern, die vielen Ouvertüren und Fantasien, ja die
größten Orchesterpiécen mit, ohne Anstoß, ohne Fehler und irgend
welche Störung.

Dies Wunder wurde nun ganz einfach und auf aller-
natürlichstem Wege vollbracht. Während die übrigen Geiger ihr
Kolophonium hervorzogen, um ihre Bogen damit zu bestreichen,

nahm ich mit aller Ruhe und größtem Ernste ein sauber mit
buntem Papier umwickeltes Stück einer Unschlittkerze zur Hand,
bestrich und befettete damit meinen Bogen derart, daß es sicher
einem Paganini unmöglich geworden wäre, mit demselben nur
einen Ton hervorzubringen, und wenn er solches auch auf seiner
besten Geige versucht hätte.

Unter uns hatten wir dies lustige Manöver verabredet,
und es war ausgeführt worden. Ja, es wurde zu unserm
höchsten Gaudium so lange ausgeführt, bis ich es endlich selbst
müde wurde und freiwillig abtrat. —

Wir hatten also schlimme Zeiten, die allerschönsten, doch
unfreiwilligen Fasten, kein Geld, und — was am schlimmsten
war — keinen Kredit. Selbst die Milchverkäuferin in der
benachbarten Straße Taitbout, bei der wir gewöhnlich unser
Frühstück einnahmen, bestehend in einer kleinen Schüssel warmer
Milch mit einigen Tropfen Kaffe und weißem Brod, machte ein
langes und immer längeres Gesicht, weil sie eben so lange kein
Geld mehr von uns gesehen hatte, und schien endlich sogar
Willens, uns gänzlich den Kredit kündigen, uns unsere letzte
unschuldige Kost des alten Testamentes entziehen zu wollen.
Das wäre ein fürchterlicher Schlag für uns gewesen, denn die
gute Seele war stets unser letzter Nothanker. Wenn alle Stricke
rissen, gingen wir noch um fünf Uhr Abends, wenn andere
ordentliche, geldbesitzende Leute sich zum Diner verfügten, hin
zu ihr, um noch einmal zu frühstücken. Und dann die hübsche
lustige Gesellschaft, die wir dort trafen! Ein kleiner Laden
war's ohne Fenster, direkt mit der Straße in Verbindung stehend
und allerlei Gemüse, Salate, Kräuter, Milch und Butter, Eier
und Käse im schönsten, appetitlichsten Arrangement bergend.
Hinter dem Laden befand sich ein kleines Stübchen, mit einem
großen runden Tische und sechs bis acht Stühlen, die den
Raum vollständig ausfüllten. Alles war einfach, doch reinlich

5

und einer gewiſſen Eleganz nicht entbehrend. Dort verſammelte
ſich denn Morgens von zehn bis zwölf Uhr eine ganz eigenthümliche
Geſellſchaft, um zu frühſtücken; Alle wie zu einer Familie gehörend,
die dicke Milchverkäuferin als „Mama" betrachtend und anredend.
Es waren Maler, die in jener Gegend höchſt zahlreich vertreten,
Muſiker, Sänger und auch junge hübſche Damen. Bunt durcheinander ſaß man, plauderte und lachte, aß und trank und ver-
abredete Partien und andere Vergnügungen, Letzteres natürlich
wenn Geld die verſchiedenen Kaſſen füllte.

Um uns nun dieſen letzten Nothanker für die allerſchlimmſten
Fälle und Zeiten zu ſichern, mußten wir ihn ſchonen, weniger
gebrauchen, oder vielmehr mißbrauchen. So ſaßen wir denn
auch eines ſchönen Tages — um jene oben berührte Zeit — in
unſern ſtillen Wohnungen, ſtill und mißmuthig, des gewohnten
Frühſtücks entbehrend; dafür aber auch ohne die mindeſte Ausſicht
auf ein Mittageſſen. Die Sonne funkelte hell in unſere Stube,
und das laute Getöſe der Straße drang ebenfalls ungehindert
zu uns herein, uns gleichſam höhnend ob unſerer Nieder-
geſchlagenheit und zugleich auffordernd, uns keck in das Gewühl
dieſer bunten, ſonnigen Welt zu werfen und unſer Heil zu verſuchen. Wohl hierdurch angeregt, fuhr mir plötzlich ein ſchnurriger
Gedanke durch das Hirn. Ich ſah im Geiſte ein einfaches, höchſt
beſcheidenes Mittageſſen — doch immer ein Eſſen! — beſtehend
in einer Taſſe Bouillon, Fleiſch und Brot, uns winken; es war
zu erlangen, doch mußte es kühn erobert werden mit jugendlichem
Uebermuth und Keckheit. An ſolchen Eigenſchaften fehlte es
uns indeſſen durchaus nicht, und ſo durfte ich meines Erfolges
gewiß ſein.

Den Mißmuth gewaltſam abſchüttelnd, ſprang ich plötzlich
auf und theilte meinen ſtaunenden Freunden mit, daß ich einen
Ausweg, ein Mittageſſen für uns alle Acht gefunden, das, wenn
es auch durchaus keine Aehnlichkeit mit einem Diner des Palais-

Royal habe, doch immerhin besser sei, als gar keins. Ich fragte sie weiter, ob sie mir vertrauen, sich unbedingt meinen Anordnungen fügen wollten, und als sie Dies natürlich freudig bejahten, ertheite ich meine Instruktionen, den Plan selbst, von dem ich mir noch dazu vielen Spaß versprach, für mich behaltend. Ich verlangte vor allen Dingen, daß ein Jeder sich so viel deutschen, fremden Anstrich geben müsse, wie nur möglich. Die Hemdkragen, die man damals allgemein umgeschlagen trug, mußten wieder zu Vatermördern umgewandelt, die langen, mehr oder minder lockigen Haare hinter die Ohren gestrichen werden. Ferner durfte Keiner, bei schwerer Pön, ein Wort Französisch, sondern nur Deutsch reden, auch die landesübliche Sprache nicht im mindesten verstehen. Die Freunde versprachen Alles — der Ertrinkende klammert sich bekanntlich an einen Strohhalm, und sie waren in ihrer Art in keiner bessern Lage. Doch intriguirte sie gewaltig, was ich denn eigentlich vorhabe, und nicht wenig wurde ich mit Fragen gequält. Ich blieb indessen standhaft, aus mehr als einem Grunde, und vertröstete die Freunde mit der Bemerkung, daß sie später ja doch Alles erfahren würden, womit sie sich denn auch endlich zufrieden gaben und geben mußten.

Als unsere Umwandlung vollbracht war, wir uns gegenseitig angeschaut und tüchtig gelacht hatten, verließen wir unsere Wohnung und beeilten uns, so rasch wie möglich aus dem bekannten Viertel zu kommen. Wir hatten in der That das Aussehen von frisch in Paris angelangten Deutschen, die sich staunend die merkwürdige Hauptstadt besehen wollten. Manche Vorübergehenden betrachteten uns lächelnd. Durch stille abgelegene Straßen führte ich die Freunde, immer weiter in der Richtung des Laufs der Seine, und nach etwa einer Stunde Wanderung langten wir in den Elisäischen Feldern und an den Ufern der Seine an. Die Freunde murrten zwar ein weniges, doch ich bedeutete sie, da es just von dem Invaliden-Hôtel, dem wir uns gerade gegenüber befanden, zwei Uhr schlug, daß es überhaupt noch zu früh sei, um an das Essen denken zu können. Ich schlug deshalb vor, theils um die Zeit zu tödten, theils um unsere Rollen, als des Französischen unkundige Deutsche und Fremde, gehörig zu studieren und zu probieren, den Invaliden einen Besuch zu machen, das äußerst interessante Hôtel uns einmal wieder anzusehen. Da wir eben kein Geld hatten, um die Zeit in einem der Kaffehäuser der Elisäischen Felder zuzubringen, so war mein Vorschlag der annehmbarste, besonders da ich den Ort, wo wir das versprochene Mittagessen einnehmen sollten, als ganz nahe bei den Invaliden gelegen angab. Wir einigten uns demnach, die Invaliden zu besuchen; jedoch stellte ich schließlich nochmals ganz bestimmt die Bedingung, daß Keiner die Rolle des Fremden fallen lassen solle, noch dürfe, widrigenfalls ich die Aussicht auf irgend ein Mahl ganz in Abrede stellte. Alle waren damit zufrieden und versprachen sich von dem Besuch des Hôtels als Deutsche recht vielen Spaß.

Damals, lieber Leser, stand es anders in Paris als heut zu Tage. Der dem Volke in mancher Hinsicht gefällige König Ludwig Philipp hatte alle öffentlichen Gebäude ohne Ausnahme, wie die Sammlungen und Museen, unentgeltlich dem Publikum geöffnet. Reich belivréete Diener wiesen den Fremden zurecht und führten ihn sogar überall herum, ohne dafür eine Gratifikation, die ihnen jedoch meistens freiwillig wurde, beanspruchen zu dürfen. Also war es auch in dem Invaliden=Hôtel. Die alten Krieger waren erpicht auf die Fremden, führten sie überall herum, zeigten, erklärten, was sie zeigen und erklären durften und konnten, und waren meistens eines kleinen Trinkgelds, das sie von Rechtswegen nicht verlangen noch beanspruchen durften, von der Freundlichkeit der Besucher gewiß. Darauf fußten wir natürlich, denn es wäre uns rein unmöglich gewesen, dem Führer auch nur einen Liard als Dankesgabe darzubringen.

Wir überschritten die Brücke, spazierten durch die breite Avenue, die nach dem kolossalen Gebäude führt, und hielten bald vor letzterm an, uns neugierig als echte und wahrhafte Fremde umschauend. Das prachtvolle Gitterthor, die Gräben, Wälle, die den Vorhof umziehen mit den uns mit ihren schwarzen Mäulern anstarrenden Kannonen, schienen uns gewaltig zu imponiren, und nur schüchtern wagten wir uns hinein in den in Hunderte von kleinen Gärtchen abgetheilten Raum. Der Anblick, der sich uns bot, war, obgleich uns recht wohl bekannt, doch immerhin im Stande, unsere Aufmerksamkeit zu fesseln. All' die unzähligen Gärtchen, nur wenige Schritte im Geviert, bildeten fast ebenso viele schüchterne Versuche, den größten, gewaltigsten Krieger des Jahrhunderts zu verherrlichen, ihm Denkmal und Apotheose zu sein. Da sah man die Büste, die ganze Figur Napoleon's in bekanntem Kleide, da in idealer Gewandung, von Stein, Gips und Thon, in allen nur möglichen Varianten, auf Postamenten, Säulen, Felsstückchen und in Grotten, ge= und bemalt, weiß, grau, in allen Farben, schlecht und gut in unzähliger Menge, doch stets sinnig eingerahmt und umgeben von Blumen und Gebüschen und allerlei bunter Zierart; und alles Dies wieder gehegt und gepflegt von jedem der alten Braven, als ob's ein Heiligthum sei. Es lag etwas Rührendes in diesem Kultus des großen Kaisers, und trotzdem wir sammt und sonders gute Deutsche waren und wohl wußten, was unser Vaterland dem Gewaltigen zu verdanken, zu vergeben hatte, waren wir doch ergriffen davon.

Wie wir so dastanden und schauten, mußten wir natürlich die Aufmerksamkeit der vielen herum spazierenden und humpelnden Invaliden erwecken. Sie witterten frisch angelangte Fremde in uns, und schon kamen ihrer mehrere auf uns zu, um sich als Führer anzubieten. Ein kleiner alter Bewohner des Hôtels, recht zusammengeschrumpft, doch mit ziemlich geröthetem Gesichte

und schlau glänzenden Aeugelein, hatte uns zuerst erreicht, und
fragte uns, ob wir die Herrlichkeiten des Orts zu sehen wünschten.
In stark gebrochenem Französisch nahm ich, nach einer scheinbar
ernsten Besprechung mit meinen Gefährten, das Anerbieten an,
während zugleich die Uebrigen, lustig auf den Scherz eingehend,
laute „Ja's" hören ließen, welche der Alte wohl zu verstehen
schien. Wir begannen nunmehr unter seiner Leitung unsere
Wanderung. Durch die Gärtchen führte er uns in den ersten
großen Hof und hinauf auf die Galerie, zu der Statue Napoleon's,
und dabei Allerlei erzählend, auch daß er Deutschland gar wohl
kenne, indem er fast alle Kampagnen in unserm Vaterlande
mitgemacht, bei Jena, Wagram und an der Moskwa, wie auch
bei Leipzig mitgefochten habe. Doch nicht allein habe er sich
in unserm Heimathlande tüchtig geschlagen, sondern dabei auch
gut gelebt, gut gegessen, und vor allen Dingen vortrefflich getrunken. In Erinnerung an unsere guten Weine wischte er sich
zu mehreren Malen den Mund mit dem Aermel seiner alten
dunkelblauen Uniform ab. Es war drollig mit anzuhören, wie
der Alte sehr langsam und so laut wie nur möglich sprach, um
sich dadurch den Fremden, wie er wohl glauben mochte, besser
verständlich zu machen; indeß wir bemüht schienen, ihn zu verstehen
und mit „Ja!" — „O!" — „der Teufel!" und andern ähnlichen
Ausrufen antworteten.

Unser Führer geleitete uns in den schönen Bibliotheksaal,
von wo aus man die ganze Esplanade, einen Theil der Seine
und der Elisäischen Felder überschaut, ein in der That herrlicher
Anblick. Wir wunderten uns höchlich über Alles, was wir zu
sehen bekamen, wodurch der Alte angespornt wurde, uns immer
weiter zu führen, und immer mehr zu zeigen. In den Dom
ging es, zu der Kapelle St. Jerome, wo die Asche Napoleon's
vor einiger Zeit beigesetzt worden war, dann wieder hinauf in
die großen prächtigen Räume, die just für das Mittagessen her-

gerichtet wurden, ein für unsere leeren Mägen sehr empfind=
samer Anblick. Wir schenkten deshalb den Fresken, die Kriege
und Siege jenes vierzehnten Ludwig's darstellend, aus mehr
denn einem Grunde keine Aufmerksamkeit, uns nur an den
Schüsseln und Tellern, die in wenigen Stunden mit allerlei
Eßbarem gefüllt prangen würden, im Geiste erfreuend und
labend. Wieder ging es treppauf, treppab, bis der unermüdliche
Invalide uns endlich sogar in die Mansarden führte, allwo er
uns die berühmten Festungsmodelle zeigte.

Unser Erstaunen, unsere Freude über alles Das, was wir
zu sehen bekamen, nahm natürlich immer zu, was den Alten
mehr und mehr in Hitze brachte. Sah er sich doch im Geiste
schon im Besitze eines ungewöhnlich großartigen, weil achtfachen
Trinkgeldes!

Wir mochten an zwei Stunden also umherspaziert sein;
der Alte hatte uns Alles gezeigt, was er nur zeigen konnte,
sogar die Wohn= und Schlafzimmer der Kameraden, und wir
traten endlich, wahrhaft ermüdet und erschöpft, den Rückweg an.
Da stellte er endlich noch die Frage, ob wir vielleicht auch die
Küche zu sehen wünschten.

Darauf hatte ich mit Schmerzen gewartet, und „Ja! —
Ja! — Ja!" — tönte es ihm von allen Seiten entgegen.

Lustig trippelte der alte Invalide voran, und wir alle Acht
erwartungsvoll hinterdrein. Wir traten in die Küche, die mit
ihren flackernden Herdfeuern, gewaltigen dampfenden Kesseln,
ihren fast unzähligen, hellblinkenden, groß' und kleinen kupfernen
und zinnernen Geschirren in Wahrheit einen überraschenden
Anblick darbot. Doch was uns am meisten interessirte und
mit Lust erfüllte, war der köstliche Geruch, der den brodelnden
Riesenkochtöpfen entstieg und unseren armen Nasen wie der
allerköstlichste himmlischste Parfüm dünkte. Neugierig umdrängten
wir die Kochanstalten, neugierig und ernst schauten wir in die

riesigen Kessel hinein. Der Alte, der unser lebhaftes Interesse
an den Töpfen und ihrem Inhalte sah, fragte lachend, ob wir
vielleicht versuchen wollten, was denn da eigentlich für die Bewohner des Hôtels gekocht und geschmort würde.

„Ja! — Ja! — Ja!" ertönte es wieder aus Aller Munde,
und auf einen Wink des Invaliden wurden von einem der
Soldatenköche rasch acht große Obertassen oder vielmehr kleine
Schüsseln mit braunem wohlduftenden Bouillon gefüllt und uns
auf einem großen einfachen, doch reinlichem Plateau dargereicht.

Jetzt ging meinen Freunden ein gewaltiges Licht auf über
das in Aussicht gestellte Mittagessen. Lächelnd und vielsagend
schauten sie mich an, und ich hatte anfänglich Mühe, sie durch
einige flüchtige Worte zu beschwichtigen. Doch bald waren
keine weitern Erklärungen, kein verrätherisches Gebahren mehr
zu befürchten, denn ein Jeder war mit seiner gewaltigen Tasse
Bouillon beschäftigt, die so kräftig und delikat befunden wurde,
daß Mehrere sogar mit der unschuldigsten, ernsthaftesten Miene
von der Welt und unter höchst verwundrungsvollen und an-
erkennenden Gebärden, die Gefäße zu neuer Füllung hinhielten,
welchem Verlangen auch von dem gefälligen und sich höchlich
geschmeichelt fühlenden Koche augenblicklich entsprochen wurde.

Die Suppe war genossen und, anstatt nun aufzubrechen,
unterhielten wir uns mit wahren Schulmeistermienen, als ob
es der wichtigsten Analyse gegolten hätte, über die Vortreff-
lichkeit der genossenen Fleischbrühe. Unser alter Cicerone und
sein Kamerad der Koch, verstanden von unserer deutschen Unterhaltung höchstens nur die bekannten Ausrufungen, die langge-
dehnten „Ah's!" und „Oh's!" doch dafür sprachen unsere auf-
gezogenen Brauen, die ernsten Falten, in die wir unsere
Physiognomien gelegt, das höchst bedeutsame Senken und Heben
der Köpfe, und besonders die wichtigen Blicke, die wir nach den
Fleischtöpfen sandten, um so deutlicher. Da wir bei Alledem

durchaus keine Anstalten zum Fortgehen machten, so schien dies dem intelligenten Führer wie dem Koch eine Aufforderung zu sein, uns weiteres Material zu weiterer Untersuchung zu liefern. Die Beiden hatten sich bald verständigt; aus ihrer kurzen Unterhaltung tönte uns nur der Ausdruck „Halb Part!" mehrmals und ziemlich deutlich entgegen. Bald prangte denn auch ein gewaltiges Stück Ochsenfleisch auf dem großen blanken Tranchirbrett, von welchem der Koch mit größter Gewandtheit und in allerkürzester Zeit acht durchaus nicht kleine Theile abtrennte, die er dann mit seiner langen Gabel auf ebenso viele hellblinkende Zinkteller legte. Eine sehr appetitlich aussehende und würzig duftende braune Sauce, mit allerlei Gemüsestückchen untermischt, bedeckte bald die einzelnen Fleischstücke. Die Teller wurden nebst einem langen weißen Brote auf einen der blank gescheuerten Tische gestellt, worauf unser alter schmunzelnder Führer uns durch allerlei Gebärden und Worte einlud, die Kost des Hauses weiter zu versuchen. Anfänglich machten wir einige abwehrende Bewegungen, doch ließen wir uns erbitten, und mit ernster Zustimmung die würdig anzuschauenden Häupter neigend, setzten wir uns alle Acht an die Tafel und genossen in aller Ruhe das tüchtige schmackhafte Stück Ochsenfleisch mit seiner kräftigen und wohlschmeckenden Sauce. Daß wir dabei das Weißbrot nicht vergaßen, es nicht im geringsten schonten, verstand sich von selbst, und bald war Fleisch, Sauce und auch ein ziemlicher Theil des großen, guten und kräftigen Brotes vertilgt und verschwunden, und — wir hatten zu Mittag gespeist.

In Wahrheit gestärkt und neubelebt, voller Lust über die gelungene List, erhoben wir uns, und so unbefangen wie nur möglich grüßten wir durch Neigen der Häupter den wackern Koch und die übrige zahlreiche Bevölkerung der Riesenküche, die uns beim Essen nicht wenig neugierig und lächelnd zugeschaut hatte. Dann schritten wir langsam, ernst und mit Würde dem Ausgange zu, gefolgt von unserm lustig einhertrippelnden, hoffnungsvollen alten Führer.

Wir mußten eilen, daß wir hinauskamen, es war die höchste Zeit, denn lange hätten wir unsere Rollen nicht mehr beibehalten können. Wir schritten deshalb, wenn auch noch immer gemessen und langsam, doch unaufhaltsam fort durch das große Thor, durch den mit Gärtchen besäeten Vorhof, und schnur-stracks auf das Gitter des äußeren Eingangs zu, immer deutsch redend und den, uns schon etwas unbehaglich folgenden alten Soldaten gleichsam mit in unser scheinbar ernst lautendes Ge-spräch ziehend.

An besagtem Gitterthor angelangt, wandte ich mich, plötzlich Halt machend, zu dem guten Manne, dessen Mienen sich schon wieder erheiterten, da er nunmehr das gewaltige achtfache Trink-geld kommen sah. Doch, anstatt in die Tasche zu greifen und den Geldbeutel zu öffnen — es wäre dies, so gern ich es auch gethan hätte, ein ganz unnützes Manöver gewesen — öffnete ich den Mund, und mit allem Ernste, der mir noch zu Gebote stand, mit allem Pathos, dessen meine liebe deutsche Mutter-sprache nur fähig war, hub ich an, also zu ihm zu reden:

„Sehr verehrter Mann, Bürger und Krieger, tapferer Ueberrest der großen Armee, der du dem Kaiserreich wie der Restauration gleich treu gedient hast, dir ist heut große, unge-wöhnliche Ehre widerfahren. Es war dir vergönnt, abermals zu „restauriren", und zwar acht hart vernachläßigte deutsche Künstlermägen. Nimm vor der Hand unsern achtfachen wohl-gemeinten und tiefgefühlten Dank dafür; vergessen werden wir dich nicht! Zwar hättest du eigentlich mehr verdient, als solche schöne Worte — ein klingender Dank wäre dir auch sicher lieber gewesen, dir auch geworden, wenn — unsere Börsen sich zur Stunde nicht in selbem Zustande befänden, wie unsere Mägen vor deiner Restauration. Doch du bist schon von der vorigen

Restauration her an schöne Worte gewöhnt, und somit wirst du dich trösten. Bedenke dabei vor allen Dingen, daß wir dir heute Gelegenheit gegeben haben, eine alte heilige Schuld in Etwas zu tilgen. Bedenke, daß du von Jena bis Leipzig dich in unserem lieben Vaterlande, vielleicht·gar bei unsern eigenen Vorfahren, Jahre lang satt gegessen, und nach deiner eigenen Aussage, auch satt getrunken hast, und daß dir heute vergönnt war, an uns einen ganz kleinen Theil dieser großen Schuld abzutragen. Dies köstliche Bewußtsein mag dir Trost, Dank und Lohn gewähren, und somit wünsche ich dir vor der Hand ferneres, bestes Wohlergehen und einen — guten Morgen!"

Und „guten Morgen! — guten Morgen! — guten Morgen!" — tönte es aus acht Kehlen und in den verschiedensten Ton- arten um den alten, verblüfft und mit langem Gesichte da- stehenden Invaliden her, während die Häupter sich neigten, die Hüte sich senkten, und ernst und würdig, wie bisher, schritten wir an ihm vorbei, die Esplanade entlang und der Seine zu.

Der Alte muß vor Staunen und Schrecken keine Sprache mehr gefunden haben, denn kein Laut des Unwillens tönte hinter uns her, und als wir, bei der Brücke angelangt, die zu den Elisäischen Feldern hinüberführt, uns umschauten, stand der arme, so bitter enttäuschte alte Soldat noch immer auf derselben Stelle unter dem großen Gitterthore. Er schien noch immer nicht zu sich gekommen zu sein. Wir aber eilten in die Elisäischen Felder und lachten herzlich über das so glücklich eroberte Mittagessen, auch eine Revanche für ehmalige französische Occupation und Ein- quartierung! —

Doch noch am selben Abend, nachdem der erste Jubel ver- flogen, der gelungene, wenn auch vielleicht allzu tecke Spaß etwas nüchterner von uns betrachtet wurde, empfanden wir herz- liche Reue über unsere Heldenthat, und wahres Mitleid mit dem armen gefoppten alten Invaliden, und einstimmig beschlossen wir, uns bei erster Gelegenheit zu revanchiren, das Geschehene wieder gut zu machen.

Es dauerte auch keine zwei Tage mehr, da war uns geholfen. Die erwartete halbjährliche Pension unseres Kameraden aus seinem Heimathorte traf ein, und nachdem die nothwendigsten Schulden berichtigt waren, erhoben wir uns Alle wie ein Mann und verlangten abermals hinauszuziehen nach den Invaliden.

Am andern Morgen, nach der Frühstücksstunde, standen wir denn auch wieder alle Acht, doch diesmal in unserer natürlichen Gestalt und, was die Hauptsache war, mit wohlgefüllter Börse, vor dem großen Gitterthore des Hôtels. Ich hatte mir die Nummer unseres Führers wohlgemerkt und auf's Gerathewohl fragte ich einen der umherhumpelnden Braven, ob er wohl wüßte, wo der Inhaber der Nummer so und so zur Stunde zu finden sein dürfte. Ich hatte Glück. Der Alte bedeutete mir, daß Nummer so und so, sein Stubenkamerad, vor etwa einer Viertelstunde an ihm vorbeigegangen sei und das Thor passirt habe und wahrscheinlich nunmehr, wie gewöhnlich, drüben in einer der kleinen Weinkneipe sitze.

Rasch machten wir Kehrt und steuerten auf die kleinen Baracken los, allwo ein rother Wein, die Kanone — also hieß das Maß, etwa von der Größe eines kleinen Wasserglases · · für zwei Sous, verabreicht wurde. Nachdem wir in mehrere dieser Lokale hineingespäht, ohne unsern Mann zu finden, vielleicht auch, ohne ihn wieder zu erkennen, hören wir plötzlich den lauten Aufschrei: „Ah! die Deutschen! — die Deutschen!"

Es war unser alter Invalide, er hatte uns erkannt. Lustig traten wir in das Kabaret. „Ja, die Deutschen sind wieder da, vieux brave, und suchen Sie!" rief ich ihm auf Französisch zu, während die Freunde ihn ebenfalls in seiner Muttersprache lustig begrüßten und anredeten.

Es fehlte nicht Viel und der Alte wäre abermals zur Bild-
säule erstarrt, wie vor wenigen Tagen. Doch lösten wir
ihm bald das Räthsel und dadurch auch die Zunge. Wir be-
stellten Wein und Essen, das Beste, was das kleine Kabaret
nur hatte, schenkten ihm ein, tranken ihm zu und erzählten ihm
Alles haarklein. Der Alte war anfänglich ein wenig erstaunt
und ärgerlich, daß er sich also von „Deutschen" hatte überlisten
lassen, dann aber lachte er herzlich über unsern ihm gespielten
lustigen Streich, und freute sich, daß es uns bei ihm geschmeckt.
Unterwegs hatten wir eine neue irdene Pfeife in einem Holz-
etui und ein halbes Pfund Taback gekauft; Pfeife und Kraut
verehrten wir ihm, wodurch der Alte wahrhaft glückselig gemacht
wurde, und schließlich gaben wir ihm noch für ihn und seinen
Kameraden, den wackern Koch, einen blanken Fünffrankenthaler.

Wir hatten unsere Schuld reblich und lustig getilgt und
durften fortan des Abenteuers in aller Heiterkeit, und ohne uns
Vorwürfe darüber zu machen, gedenken. Also thaten wir auch,
und oft noch ergötzte uns in der Erinnerung das so glücklich
eroberte Mittagessen bei den Invaliden.

———

III.

Unter den Römern des Augustus und an Bord des fliegenden Holländers.

Die beste Schule für einen angehenden Sänger in Paris sind die Aufführungen der beiden ersten Operntheater: der italienischen und der großen Oper. Die vorzüglichsten Gesangskünstler der Welt waren zu meiner Zeit auf diesen beiden Bühnen thätig und unvergeßlich werden mir die Abende bleiben, wo es mir vergönnt war, Rubini, Lablache und Tambourini, die Grisi, die Garcia und die Persiani, so wie in der großen Oper Duprez, den kleinen doch so großen Tenor und damals noch im Vollbesitz seiner herrlichen Mittel, zu hören. Doch schwer — sehr schwer hielt es, solche Genüsse sich zu verschaffen, was mir im Grunde nur gelang, wenn irgend ein freundlicher Zufall mir ein Billet für eines dieser Theater in die Hände spielte, oder ein hoher und reicher Gönner mich hinführte. Selbst den Schülern des Conservatoriums war ein Freibillet für die große Oper eine der allergrößten Seltenheiten und ich erinnere mich nicht, jemals eines erhalten zu haben, während es an den verschiedensten Concertbillets nie mangelte. — Heute soll dies anders und besser sein.

In einer reichen bürgerlichen Familie, in der ich wohlgelitten war und oft mich einfand, um in glänzenden Soireen oder im Privatkreise zu musiciren und zu singen, hatte ich einen jungen Mann, Baron v. C., kennen gelernt, der eine mehr gute als schöne Baßstimme besaß und gerne mit mir sang, doch noch lieber mit der Tochter des Hauses, der er im Stillen den Hof

6

machte. Es war ein scheinbar ruhiger, einfacher Mensch von hübschem Aeußern und angenehmen Manieren. Oft unterhielt ich mich mit ihm über die ersten pariser Operntheater und viel wußte er mir davon zu erzählen, besonders über die große Oper und ihre Künstler. Dann wurde mir das Herz schwer und ein unendliches Verlangen überkam mich, irgend einer Vorstellung beizuwohnen, immer hoffend, daß Herr v. C., der doch so oft die Oper besuchen mußte, mir dazu behülflich sein würde. Doch jedesmal zuckte er die Achseln, meinte, daß es sehr schwer sei, ein Freibillet zu erlangen, da nur die ersten Kräfte deren empfingen und solche meistens, fast immer an „Monsieur Auguste", den Chef der „Romains" ablieferten. Die „Claque" sei also der einzige Weg, um so gut wie unentgeltlich in die Oper zu kommen, oder — ich müßte mich als Chorist dort engagiren lassen, was durchaus keine Sünde, noch Schande sei.

Eigenthümlich und fast geheimnißvoll wurde seine Conversation, wenn er diese beiden Themas berührte, und oft mußte ich dabei erstaunt, wie fragend zu ihm aufblicken, worauf er dann sogleich in ein anderes Gespräch überging.

Doch der Same, den der kundige Baron v. C. ausgestreut, begann Wurzel zu fassen und ich über die beiden Wege, welche in die große Oper führen sollten, nachzudenken.

Ich hatte Düprez noch nie gehört und konnte endlich meine Sehnsucht, dies große Künstler-Vorbild kennen zu lernen, nicht mehr bemeistern. Ich beschloß daher, vor Nichts zurückzuschrecken und mein Heil vorerst bei Augustus und seinen Römern zu versuchen. Wenn mir auch in etwas vor dem zweifelhaften und geheimnißvollen Wege graute, so war ich doch bereit, ihn zu wandeln, wenn er mich nur zu dem heißersehnten Ziele, zu einer Tell-Vorstellung mit Düprez, führen würde. War es im Grunde doch nichts Arges, zu applaudiren, wenn auch auf Kommando zu applaudiren; denn in der großen Oper, besonders wenn Duprez in dem Roſſini'ſchen Meiſterwerk ſang, mußte alles, ohne Ausnahme, applaudirenswerth ſein.

Hiermit beſchwichtigte ich meine Skrupel, und als eines Tages die mächtigen Zettel an den Straßenecken mich gar ſo verlockend zu einer Tell=Vorſtellung einluden, machte ich mich, wenn auch mit etwas klopfendem Herzen auf den Weg, um mich — als „Claqueur" — ſidonc! — als „Romain" — nein, und tauſendmal nein! — als Enthuſiaſt — anwerben zu laſſen.

Gegenüber der komiſchen Oper, in der engen und ziemlich düſtern Straße Favart, in dem Hauſe, wo etwa fünfzig Jahre früher der berüchtigte Jacobiner Collot d'Herbois gewohnt, be- fand ſich ein, wenn auch nicht ſehr elegantes, doch dafür ſehr geräumiges Café. Hier hauſte oder vielmehr thronte Auguſt Levaſſeur, der Bruder des berühmten „erſten Baſſiſten" der großen Oper, gewöhnlich nur „Monſieur Auguſte" genannt und als Chef der für die große Oper anzuwerbenden „Römer" bekannt. Das Kaffeehaus wimmelte von Leuten verſchiedenen Alters und Standes, und die Unterchefs gingen umher, unter= handelten und warben. Mit Mühe hatte ich mir ein Plätzchen und ein Glas Zuckerwaſſer, den billigſten Conſumartikel des Etabliſſements, erobert, und auch zu mir kam einer der Abju- tanten des nur für den Ruhm ſtreitenden Feldherrn und nahm mit möglichſter Herablaſſung meinen Wunſch entgegen, den großen Duprez im Tell bewundern, das heißt, applaudiren zu dürfen.

Ueberall wurden Notizen genommen, dann flogen die Ab- jutanten hin und her, zu ihrem Chef, der unbeweglich und einem wahrhaften Römer gleich vor einem kleinen Tiſchchen ſaß, dann wieder zurück in die harrende Menge, zu den in nicht geringer Spannung ſich befindenden Beifallsrekruten.

Einzeln wurden ſie Monſieur Auguſte vorgeführt, der ſie

6*

nach kurzer Zwiesprach entweder mit oder ohne Erlegung von
Handgeld und Kaution für angeworben erklärte, oder mit einer
sprechenden Handbewegung entließ und aus dem Vorhof seines
Opernparadieses verbannte.

Bis an mich die Reihe kam, hatte ich Gelegenheit genug
gehabt, zu bemerken, daß die Ehre „Romain" zu werden, be=
zahlt werden mußte, was mich einigermaßen mit Sorge erfüllte,
da meine letzten Sous von dem Glase Zuckerwasser vollständig
verschlungen worden waren. Doch hoffte ich und wartete.

Endlich lud mich ein Wink eines der Unterchefs ein, ihm
zu dem Manne zu folgen, von dem mein Schicksal für die
nächsten Stunden abhing. Bald stand ich vor dem Gefürchteten.

Der Römerchef Augustus war eine große, breitschulterige
Gestalt mit plumpen, gewöhnlichen Zügen und einem dunklen
Rundbart, der seinem Gesichte etwas ungemein Spießbürger=
liches gab. Unbeweglich saß er da, die fleischige Faust auf den
Tisch gestemmt, auf dem verschiedene Geldstücke und andere Ge=
genstände lagen, und unbeweglich schaute er mich eine Weile an.

Ich ertrug den furchtbaren Blick, nicht wenig begierig auf
das, was ihm folgen würde.

Endlich ertönte es.

„'s macht dreißig Sous!"

Das hatte ich nicht erwartet. Diese Anrede und Anfor=
derung kam mir so komisch vor, daß ich auflachen mußte und
ohne langes Besinnen keck entgegnete:

„Dreißig Sous?! — wenn ich die hätte, so würde ich mir
noch dreißig dazu sparen und auf die Galerie gehen."

Wieder folgte ein langer Blick, doch kein unfreundlicher,
dann sagte Monsieur Auguste:

„Also wirklicher amateur?"

„Enthusiast!"

„Wenn auch kein Geld, so haben Sie doch gewiß irgend

einen Gegenstand bei sich — etwa Ihren Haus= oder Zimmer=
schlüssel?"

„Ich soll Dupre; doch nicht etwa — auspfeifen?! — Da
kämen Sie mir recht."

„Als Kaution — daß Sie ihm applaudiren."

Ich hatte verstanden, holte den Schlüssel meiner Mansarde
aus der Tasche und überreichte ihn mit einer passenden Ver=
beugung dem großen Manne.

Als ob es der Schlüssel einer eroberten Festung gewesen,
den einer der Väter der Stadt ihm reiche, so nahm Augustus
meinen Mansardenschlüssel in Empfang und steckte ihn in die
Seitentasche seiner Rocktunika.

„Er bleibt bei mir," warf er noch seinem Unterabjutanten
hin, worauf ich entlassen ward und als angeworbener neuer
Romain mich bis zum Ausmarsch auf das Schlachtfeld bei Seite
und zu andern Römern setzen durfte.

Es war eine bunte, sehr gemischte Gesellschaft. Doch was
kümmerte mich dies? Ich sollte ja bald in eine bessere, in die
des großen Duprez kommen.

Doch es dauerte noch eine ziemliche Weile bis wir so weit
waren.

Um 7½ Uhr begann die Vorstellung; um 6½ Uhr wurden
die Bureaux geöffnet, und eine halbe Stunde früher sollten wir
abmarschiren.

Endlich schlug es sechs und in verschiedene Trupps abge=
theilt, machten wir uns nach und nach mit unsern Anführern
auf den Weg.

Es mochten etwa sechzig bis siebenzig Personen sein, die
heute Abend für das Furore eines der größten Sänger seiner
Zeit arbeiten sollten.

Sonderbare Gedanken über die Kunst, der ich mich ge=
widmet, tauchten in mir auf und drohten mir den Abend voll=

ständig zu verderben. Doch ich verscheuchte sie bald mit jugend-
licher Leichtlebigkeit und setzte meine Beobachtungen fort, denn
alles was ich bis jetzt erfahren, hatte meine Neugierde nicht
wenig und dabei eigenthümlich gereizt.

Wie ich von Eingeweihten im Gespräch erfuhr, wurde in
drei Hauptabtheilungen in das Opernhaus marschirt. Das erste
und stärkste Kommando stellte sich an die „Queue", unter die
Billets-kaufenden Zuschauer, um mit ihnen einzutreten, sich theils
auf der Galerie, theils im Partere unter das wirkliche Publikum
zu mischen. Es waren dies die „Sicheren", wenn auch noch
nicht die Kerntruppen Augustus. Eine andere Abtheilung betrat
das Haus mit dem feineren Theil der Zuschauer, welcher Billets
im Voraus gelöst und demnach zuerst Eintritt hatte. Hierzu
wurden die am besten Gekleideten der Römer gewählt. Der
dritte und kleinste Theil aber hatte die interessanteste Aufgabe.
Eine halbe Stunde vor Einlaß des Publikums verfügte er sich
auf geheimnißvollem Wege in's Parterre und nahm dort die
besten Plätze in Beschlag, noch andere für die später erscheinenden
Genossen belegend.

Diese Abtheilung führte Monsieur Auguste in höchsteigener
Person an und bei ihr befand ich mich.

Durch die l'assage de l'opéra, dann die enge und schmutzige
Galerie, welche in die rue Drouot führt, ging es hinauf durch
verschiedene Thüren und Thore, über Treppen und düstere Gänge
in das Innere des Opernhauses und auf die Bühne, wo wir
uns zwischen ungeheuren, auf Latten gespannten und bemalten
Leinwandstücken durchzwängen mußten, um dann wieder auf
rohen steinernen Stufen abwärts zu steigen und unter der
Scene her endlich — endlich in den Zuschauerraum — nach
langer Irrfahrt in den ersehnten Hafen des Parterres zu ge-
langen.

Hier wurden wir vertheilt und dann noch verschiedene andere

Plätze belegt. Ich mußte mich in die Nähe Augustus niedersetzen, und alle Dispositionen zu der bevorstehenden großen Schlacht waren getroffen.

Eine Weile blieben wir noch allein und ich hatte volle Zeit, mich in dem gewaltigen Raume umzusehen. Dann wurden die Kassen, die Eingänge geöffnet und von allen Seiten strömten die Zuschauer in den Saal, das Parterre wie im Sturme ein=nehmend. Jetzt galt es, die belegten Plätze für die übrigen Römer zu vertheidigen; doch auch dieser Kampf wurde ohne viel Heldenmuth siegreich bestanden und endlich war Alles placirt, das ganze Parterre wie das ganze Haus gefüllt und die Vor=stellung konnte beginnen.

Ich sah nun zum ersten Male eine Aufführung auf dieser gewaltigen und ersten Pariser Opernbühne, hörte zum ersten Male das berühmte Orchester unter Habenecks Leitung, den ersten Heldentenor seiner Zeit und in der Rolle, in der er seinen berühmten Vorgänger Nourrit in mehr als nöthiger Weise besiegt. Ich hörte, sah überhaupt den Rossini'schen Tell zum ersten Mal. Es war ein ereignißvoller Abend für mich, den angehenden Bühnen=sänger; Alles erschien mir neu, groß und gewaltig, vollendet und künstlerisch schön, und keines Winkes der Adjutanten noch des Chefs der Römer bedurfte es, um meine Hände in thätigste Bewegung zu setzen.

Augustus saß in der That gerade unter dem Kronleuchter und mit genau verabredeten Winken und Zeichen, forderte er seine Unteranführer zum Beifall in den verschiedensten Nüancen, vom hingeworfenen kurzen „Bravo!“ bis zum furchtbarsten Donnersturme auf, die dann wieder ihrerseits die ihnen unter=gebenen Römer, wie befohlen, in das Treffen führten. Die ganze Einrichtung war meisterhaft und die Ausführung nicht minder. Ich beachtete indessen die Winke ganz und gar nicht, sondern applaudirte stets auf eigene Faust, doch immer à tempo und so kräftig, geberdete mich so natürlich als Kenner und Enthusiast, daß Monsieur Auguste mir oftmals recht zufrieden mit seinem haarbebuschten dicken Haupte zunickte.

Im Zwischenakt ließ er sich sogar herab, mit mir zu reden und erzählte mir von den Debüts Düprez's, die er geleitet und deren Erfolg er festgestellt, wie er mit einer Mischung von Stolz und Geringschätzung durch wenige hingeworfene Worte andeutete. Er sei es gewesen, der den Enthusiasmus nach der großen Arie des dritten Aktes, deren berühmtes Allegro mit dem hohen „Ut de poitrine" Nourrit nie gesungen — nie habe singen können, derart gesteigert, daß die Vorstellung mit dieser Leistung Düprez's hatte geschlossen werden müssen, wodurch Tell um seinen Schuß gekommen und Geßler am Leben geblieben, wie er mit Humor hinzusetzte.

Doch diese herablassenden Gesinnungen des Römerchefs sollten im zweiten Akt eine vollständige Umwandlung erfahren. Da sang eine junge Sängerin an Stelle der Dorus=Gras die Mathilde, und hatte dieselbe gewiß unterlassen, dem gewaltigen Augustus den pflichtschuldigen Tribut in gehöriger Menge zu entrichten, denn das Stichwort „Nichtapplaudiren", war durch Pantomimen an die verschiedenen Leiter der Sturmkolonnen ergangen und nach der Romanze blieb die ganze Bande stumm und unbeweglich. — Nur Einer applaudirte — und der war ich. Wie früher hatte ich mich nicht an die Winke des Chefs der Claque gekehrt und nach dem Gesange Mathildens aus Leibeskräften applaudirt, dadurch auch einen Theil des wirklichen Publikums zum Applaus mit fortgerissen und der armen ver= rathenen Sängerin also zu einem Erfolg verholfen, während sonst lautlose Stille der Lohn für ihre wirklich schöne Leistung gewesen wäre. Dafür traf mich ein furchtbarer, wüthender Blick des Hauptrömers und nach diesem Akt händigte er mir meinen Mansardeschlüssel mit den Worten ein: „zu viel Enthusiast", und mit einer Miene, die da sehr deutlich sagte, daß ich zu einem Romain nicht tauge, meine Rolle als solcher bei ihm vollständig aus= gespielt sei.

Dieser Zorn des gro—ben Römers kümmerte mich nicht viel; ich hatte ja den Tell in der großen Oper gehört, Düprez gehört und bewundert, seinen vollendeten Gesang, seine herrliche Manier, die Recitative zu singen, vernommen und nebenbei auch seine kräftige seltene Stimme und sein weltberühmtes „Ut de poitrine", das ihm der Sage nach sein Engagement von 100,000 Francs, damals eine wahrhaft fabelhafte Summe, ein= getragen haben sollte. Alles Uebrige, selbst des Römmers Zorn, kümmerte mich nicht, und seelenvergnügt, doch von Augustus keines Blicks mehr gewürdigt, verließ ich das Haus und suchte meine stille Mansarde auf, wo ich die ganze Nacht herrlich und schön von Düprez und Opernerfolgen, der geretteten Sängerin und 100,000 Francs Gage träumte.

Das war meine erste und letzte Heldenthat unter den Römern des Augustus und die erste, doch glücklicherweise nicht die letzte Vorstellung, die ich in der großen Oper erlebte.

Eine geraume Zeit verging; ich besuchte während derselben wohl noch einigemale das Opernhaus für mein eigenes Geld als „Paradiesvogel", wie durch zufällige Vermittlung eines Gönners, doch genügte dies meiner Lernbegierde und Schau= und Hörlust keineswegs.

Da zeigte sich mir plötzlich der von Herrn von C. an= gedeutete zweite Weg um all' diese Gelüste in schönster Weise zu befriedigen.

Es war im Sommer 1842.

In der großen Oper wurde ein neues Werk einstudirt von einem jungen Musiker mit dem deutschen Namen Dietsch, wie er französisch ausgesprochen und geschrieben wurde, der aber wohl Dietz heißen mußte. Es war betitelt: „Le vaisseau Fantôme" und behandelte also unsere bekannte Sage vom fliegenden Holländer.

In dieser Oper befand sich eine Scene wo schottische Matrosen, singend gegen die Equipage des fliegenden Holländers ankämpfen und von letzterer besiegt und zu Grunde gesungen werden. Der Componist hatte die Gesänge der Schottländer, oder vielmehr Schetländer, für Tenor, die der Geister=Matrosen für Baß gesetzt und sollten diese Baßchöre, weil sehr wichtig und wohl für den Erfolg des Werkes entscheidend, passend verstärkt werden. Die Chordirection der großen Oper hatte demnach einen Concours ausgeschrieben für tüchtige Chorbässe und einen Termin zur Prüfung der Stimmen angesetzt.

Das war eine Gelegenheit, um nicht allein die Vorstellungen der großen Oper mitanhören zu dürfen, sondern auch noch nebenbei ein, wenn auch nicht großes, doch immerhin annehmbares Honorar zu erwerben. Für jede Chor= und andere Probe sollten nämlich zwei und ein halber, für jede Vorstellung sieben und ein halber Francs bezahlt werden.

Die Sache hatte aber für mich einen gewaltigen Haken: es handelte sich um tiefe Bässe und die Tiefe war meine schwache Seite; ich war hoher Bariton und hätte eher Tenor singen können, als tiefen Baß.

Ich mußte einen Ausweg finden und sann nach.

Doch während ich sann und nichts fand, verging die Zeit und der Tag der Prüfung nahte heran.

Da kam mir plötzlich ein, wenn auch origineller doch glücklicher Gedanke: einen wirklichen tiefen Baß mußte ich suchen und finden, der für mich die Prüfung bestehe, sich engagiren lasse, für den ich dann meinerseits als fliegender Holländer eintreten konnte.

Und einen solchen Doppelgänger hatte ich zur Hand.

In der Höhe der Faubourg St. Jaques befindet sich das

Collège Louis le grand. Jeden Sonntag Morgen, um sechs Uhr im Winter und um fünf im Sommer, wurde den Schülern in der Kirche des Hauses eine Messe gelesen und damit diese so erbaulich und so unterhaltend als möglich sei, dabei gesungen. Der Organist hatte vier Sänger zu halten, die dann vereint oder einzeln, entweder eine ganze Messe singen, oder zur Ab= wechslung nur einzelne Theile derselben musikalisch illustriren mußten. Ich war als erster hoher Baß oder vielmehr als Solist dazu engagirt worden, erhielt monatlich 32 Francs, wofür ich im Winter um halb fünf, im Sommer um halb vier Uhr Morgens mich auf den Weg von der rue des Martyrs nach der rue St. Jaques — eine Entfernung von mehr als einer Wegstunde — machen mußte, um mit nüchternem Magen ein „O Salutaris“ oder „Agnus dei“, nach irgend einer Opern= melodie*), alles zur bessern Erbauung und Unterhaltung der Zöglinge unter Orgelbegleitung vorzutragen hatte. Es war ein weiter Weg, eine saure Arbeit — man darf es mir dreist glauben — und lange hielt ich das Engagement nicht aus.

Nun, mein Baß=Collega hatte die Tiefe, wie sie noth= wendig war, um in der Chor=Concurrenz der großen Oper den Sieg davon zu tragen; ihn mußte ich gewinnen und für mich wirken lassen, und das schien mir nicht schwer.

Der Betreffende, ein Lothringer, hieß Wertheimer, doch nannte er sich als Franzose Vertimbre und war ein echter,

---

*) So sang ich u. A. ein „O Salutaris“ nach der Introduction der Norma und der Melodie des Orovist, während meine drei Collegen die Druiden übernommen. Ein „Agnus dei“ sang ich nach dem Andante einer effectvollen Donizettischen Arie und ein „Sanctus“ nach einem Proch'schen Lied. — Ein Wunder dünkt es mir, daß die Zöglinge nicht in den bekannten Gesang Orovist's miteinstimmten. Auf alle Fälle unterhielt sie diese sonderbare Kirchenmusik und hinderte sie am Einschlafen — weiter hatte sie im Grunde auch keinen Zweck. — Noch bemerke ich ausdrücklich, daß diese Mittheilung auf vollständigster Wahrheit beruht.

wirklicher und wahrhaftiger Chorist, so ungefähr einer von der
Sorte Bijus im „Postillon"; seine eigentliche Lebensaufgabe
bestand im Chorsingen und nebenbei im Trinken, Essen und
Schlafen. Um sechs Uhr in der Früh sang er in der Kirche
des College Louis le grand im frivolen Kirchenstyl, um zehn
Uhr den plain-chant in St. Eustache mit Begleitung des leber=
nen Serpents, um eilf Uhr moderne Kirchencompositionen in der
Madelaine, um vier Uhr die Vesper in St. Paul und Abends je
nach Bedürfniß und der Zeit die Marien=Andachten in Notre-dame
de Lorette, oder die Lamentationen, Psalmen und andere
classische Sachen in St. Geneviéve. An einem Sonntag machte
er also die Runde durch ganz Paris, und alles dies „à prix
fixe". Dabei sang er im Winter in den Chören der italieni=
schen Oper, und zu jeder Jahreszeit wann und wo es mit der
Stimme „Klein Geld" zu verdienen gab. Er hatte eine echte
Chorbaß=Stimme von einer unendlichen Tiefe und gleich un=
endlicher Rauheit, die man im Deutschen etwas derb doch sehr
bezeichnend eine „Eselsröhre" nennen würde. Uebrigens war
er gut musikalisch, sang perfect vom Blatt und war, wie man
ebenfalls in Deutschland sagt, ein guter Kerl.

Ihm, meinem Freunde, Collegen und Gönner Vertimber,
trug ich mein Anliegen vor, und nachdem wir uns über den
„Preis" verständigt hatten, willigte er ein zu thun was ich
wollte. Ich versprach ihm namentlich, daß der pekuniäre Erfolg
des Abenteuers, das Honorar für Proben und Vorstellungen
einzig und allein in seine Tasche fallen sollte — obgleich ich es
noch weit eher und besser hätte brauchen können als der mo=
derne Biju. Ich war bereit mich mit der Ehre, das heißt, mit
dem Schauen und vor allen Dingen mit dem Hören und Lernen
zu begnügen.

Wir waren von gleicher Gestalt; wenn auch Vertimbre
etwas älter war als ich, so war dies kein Hinderniß, wohl

aber gab es verschiedene andere Unterschiede zwischen unserm
äußern Menschen. Ich trug eine Brille, blonden Schnurr= und
Knebelbart und lockiges Haar, Vertimbre einen Schnurr= und
Backenbart, der einem Gensdarm Ehre gemacht haben würde,
den er sich im Frühjahr, nach Schluß der italienischen Saison
zu seinem Privatvergnügen wachsen ließ. Diese Bartzierde
mußte bis auf die meinige reducirt werden, wogegen ich meiner=
seits Haare und Locken lassen mußte. Das kostete Mühe und
Ueberredungskunst. Es gelang indessen, und eines schönen Tages
hatte der Barbier = Coiffeur unsere Kopf= und Bartzierde so
ziemlich gleichförmig zurechtgestutzt. Eine Brille mit Fenster=
gläsern, durch die der Bassist sehen konnte, war auch bald ge=
funden, und am Tage des Concours, nach einem Frückstück
welches ich im Verein mit meinen Freunden dem lebendigen
„tiefen Doch" gespendet, machte Vertimbre sich in meinem Rock,
meine Hosen und der Fensterbrille auf der Nase, auf den Weg
nach der großen Oper, um für mich in der Tiefe und im Baß=
schlüssel zu kämpfen, während ich einstweilen bei einem nahen
Marchand de Vin eintrat um bei einem „demic sètier" den
Erfolg des kecken Unternehmens abzuwarten.

Keine Stunde war vergangen als Vertimbre schon wieder
und mit einer wahren Siegermiene erschien.

„Alles in Ordnung!" schrie er schon in der Thüre des
Cabinets und mit seinem schönsten, rauhesten Baß. „Habe die
Kerle alle in Grund und Boden gesungen, und so zufrieden war
der Chor=Tyrann mit meiner „Leistung", daß er mich nicht
allein als fliegender Holländer engagirte, sondern mir auch
sofort Zulage gab: 50 Centimen für die Probe und einen
Francs für die Vorstellung. Das merke Dir für die Abrechnung,
und hier meine — nein, Deine Admissions=Karte. Morgen,
zehn Uhr, die erste Probe."

Dabei warf er eine gedruckte und auf meinen Namen aus=

gefüllte Karte auf den Tisch, die genau besagte und bestätigte was Vertimbre mir soeben vorgetragen. Recht vergnügt nahm ich sie in Empfang, obgleich es mir auch wieder ein wenig bänglich zu Muthe werden wollte, wenn ich an den außerge= wöhnlichen Erfolg dachte den ich — in meinem Freunde — als tiefer Baß davongetragen.

„Bah! das findet sich," sagte ich mir mit meiner gewöhn= lichen Sorglosigkeit und gab mich ungehindert der Freude hin daß mein Vorhaben soweit gelungen.

Am andern Tage fand ich mich zur bestimmten Stunde mit meiner Admissions=Karte beim Portier der großen Oper ein und wurde in den Chorsaal gewiesen. Kecken Muthes betrat ich den großen Raum — ein Salon mit verblichenen Vergoldungen des ehemaligen Hotel Choiseul, in dem bereits der größte Theil der Choristen versammelt war. Zwei Herren be= fanden sich am Clavier, wohl der Chordirector und der Com= ponist des fliegenden Holländers; meine Karte zeigte ich vor, erhielt ein Doppelblatt auf. dem der bewußte Chor sich befand und wurde hierauf ohne weiteres Examen — die beiden Herren waren in eifrigem Gespräch begriffen — zu einem Haufen junger und älterer Männer gewiesen, die man auf zwanzig Schritte als Bässe erkannt haben würde. Mit höchst miß= trauischen Mienen wurde meine etwas sehr schlanke und jugendliche Gestalt empfangen. Doch darum kümmerte ich mich nicht, son= dern setzte mich sofort auf die Fensterbrüstung um meine Chor= stimme mir etwas näher anzusehen, zugleich auch durch meine Stellung mit dem Rücken gegen das Licht, mein Gesicht vor etwaigen inquisitorischen Blicken zu bergen.

Herr Gott, wie sah es auf dem Blatt aus! Mir wurde es schwarz, fast Nacht vor den Augen vor all' den tiefen Baß= Noten die darauf verzeichnet waren, von denen ich kaum einige in meiner Kehle hatte. Nur wenige Male sprangen die Töne über die fünf Linien hinaus. Es war entsetzlich! Und schon begannen die Herren Choristen sich in Reih und Glied zu setzen, der Chor-Tyrann und der Componist auf die Tasten zu schlagen, als Zeichen daß die Probe beginne.

Ich machte es wie die Uebrigen und sang — das heißt, ich that als ob ich sänge, denn keinen Ton brachte ich zu Gehör, dafür aber fuhr mein Schnupftuch aus meiner Rock-tasche und des Oefteren über den untern Theil meines Gesichts, als ob es dort etwas wegzuwischen gäbe, während doch nur auf meiner Stirne dicke Schweißtropfen der Angst hervorperlten. Schon schauten mich meine Nebenchoristen mit Blicken an, die so schief waren wie ihre Mäuler, und ich sah bereits den Augen-blick nahen, wo man den falschen Bassisten, der doch noch keinen einzigen falschen Ton gesungen, durch die Thüre und mit der Schnelligkeit eines fliegenden Holländers beseitigen würde — da —!

Ja, bei Apoll! Das Sprüchwort hat Recht: wenn die Noth am größten ist, ist die Hülfe am nächsten! —

Da klopfte mir Jemand leise auf die Schulter und einer der singenden Choristen schob sich sachte zwischen mich und meinen gefährlichen, mir bereits wie ein zähnefletschender Ketten-hund vorkommenden Nebenmann.

Es war ein bekanntes Gesicht, ein junger Mann mit elegantem Bart- und Haarschnitt, der mir im Singen lächelnd und beruhigend zunickte und sich dann an meiner Seite niederließ.

Ich starrte ihn an, glaubte ihn zu kennen, doch auch daß ich mich täusche, denn der, den ich zu sehen wähnte, Herr Baron von C., mit dem ich so oft gesungen, der für reich, oder zum wenigsten doch für so wohlhabend galt, daß er von seinen Renten leben konnte und der Tochter jenes mir bekannten Hauses die Cour machen durfte — er konnte doch kein gewöhn-licher Chorist, nicht einmal einer der großen Oper sein?! Das war platterdings nicht möglich.

Und dennoch war es also! Denn kaum hatten wir — oder vielmehr die Andern den Chor zu Ende gesungen, als mein Nachbar sich mit fast flehender Miene zu mir wendete und mich bat ihn nicht zu verrathen, nicht zu nennen, wofür er mich in meinem Unternehmen, dem ich nicht gewachsen sei, zu unterstützen versprach. Nach der Probe würden wir uns schon verständigen und ich solle alles erfahren, was ihn beträfe.

Es war keine Zeit über das seltsame Abenteuer nachzudenken und zu plaudern, denn es wurde weiter probirt. Auch war ich zu froh, daß mir der Himmel im kritischen Moment einen Helfer gesandt, als daß ich meinem Nebenmann irgend etwas hätte abschlagen können und wenn er Anderes, Schwereres von mir verlangt haben würde.

Die Probe ging endlich auch zu Ende und zusammen verließen wir den zum Chorzimmer herabgewürdigten Roccoco-Salon des ehemaligen Ministers Ludwig's XV. — das richtige Seitenstück meines Begleiters, des zum Choristen herabgekommenen Barons.

Draußen verständigten wir uns bald. Herr von C., obgleich ein geborner und echter Baron, war trotzdem nichts mehr und nichts weniger als ein Chorist, wie mein Freund Vertimbre, und lebte von seiner Chorgage in einer Mansarde so einfach, doch auch so anständig als möglich. Sein Hauptaugenmerk war auf seine Kleidung gerichtet, die er immer im besten Stand zu halten wußte und an seinen drei freien Abenden ging er in die große Welt, so weit sie ihm geöffnet war, und spielte den Baron, was ihm recht gut gelang, und machte nebenbei reichen Bürgertöchtern die Cour.

Es war eben eine jener dunklen, zweifelhaften Existenzen, die in dem damaligen Paris durchaus nicht selten, doch sicher nicht so häufig waren wie in dem heutigen. Ich besuchte Herrn von C. in seiner Mansarde, fand, daß er die Wahrheit gesprochen und verrieth ihn in dem betreffenden Hause nicht. Doch sah ich ihn von jener Zeit an nicht mehr so häufig dort und endlich gar nicht mehr. Er muß dem Landfrieden doch nicht recht ge= traut und sich wohl anderwärts nach einer passenden Partie umgesehen haben. Ob er eine solche, die ihn aus dem Choristen= Salon des ehemaligen Hôtel Choiseul erlöste, gefunden, vermag ich nicht zu sagen. —

Mit Hülfe meines neuen Gönners, des Chor=Barons, schmuggelte ich mich durch die schier unzähligen Clavierproben des fliegenden Holländers, machte dann die Theaterprobe und schließlich als wirklicher fliegender Holländer, die Vorstellungen der Oper mit, die indessen und im Gegensatz zu den Proben, gezählt waren.

Von meiner Anwesenheit auf der Bühne, bei Proben und Vorstellungen, suchte ich größtmöglichsten Nutzen zu ziehen, doch dauerte das Vergnügen nicht lange, denn das „Vaisseau Fantôme" scheiterte nach einigen Fahrten durch den großen Opern=Ocean und trotz den heldenmüthigsten Anstrengungen Augustus und seiner Römer. Es fand sammt dem gespenstischen Holländer, wenn auch nicht auf dem Meeresgrunde, doch wohl= etiquettirt in irgend einer Ecke der Bibliothek seine letzte Ruhe= stätte, wo es erlöst in Ewigkeit schlummern wird — und meine Carriere als Chorist, als falscher tiefer Baß, war zu Ende.

Hierdurch versiegten auch die extraordinären Einnahmen meines tiefen Kirchencollegen. Derselbe hatte nemlich als vor= sichtiger und gewiegter Geschäfts= und Menschenkenner die Honorare als Monsieur Pasqué und höchsteigenhändig einkassirt, während er mich als Doppelgänger Chor singen oder vielmehr nicht singen ließ. Es war dies übrigens das sicherste Mittel für ihn gewesen, um zu seinem Gelde zu kommen, denn dafür daß ich es ihm regelmäßig eingehändigt, hätte ich mit dem besten Willen von der Welt nicht einstehen können.

IV.

Ein pariſer Muſiknarr.

Es giebt in Paris allerlei Sorten von Menschen, und jede einzelne Gattung findet sich wohl in den verschiedenartigsten Abstufungen und Schattirungen vor; unter Andern auch Narren, von den gefährlichsten bis zu den allerunschuldigsten. Zu Letztern gehören auch zum Exempel die Musiknarren und zu dieser Gattung zählte — mit Verlaub zu sagen — ein gewisser Graf von B. Derselbe glaubte nämlich steif und fest, ein großer Musiker, ein Komponist zu sein, und zwar zum mindesten — ein Beethoven. Damals waren die Heroen der neueren Musik noch anderweitig beschäftigt: Robert Schumann war bekannter durch seine Zeitungsartikel als durch seine Compositionen, Richard Wagner schrieb noch Operntexte, die andere Musiker komponirten, Franz Liszt feierte als Meister des Klavierspiels die größten Triumphe und dachte wohl kaum an seine spätern symphonischen Dichtungen, und Henry Littolf ließ sich just erst die Haare lang wachsen, um sie später, bei Aenderung seines musikalischen Glaubensbekenntnisses, wieder abschneiden zu lassen. Nur Hektor Berlioz hatte schon mehrere seiner außergewöhnlichen Kompositionen geschrieben und aufgeführt, doch mit zweifelhaftem, sehr getheiltem Erfolge. Diese Herren zählten deshalb bei unserem Grafen nicht mit. Wäre dieses Alles anders gewesen, hätte es damals also gestanden wie heute; man hätte Zehn gegen Eins wetten können, daß Graf von B. einen Schritt weiter gegangen wäre und sich von vornherein für einen Kom-

poniſten der Zukunft gehalten haben würde. Doch Anno Dazu-
mal gab's, wie ſchon geſagt, noch keine ſolche Wahl, und der
Herr Graf mußte ſich ſchon mit unſerem Beethoven begnügen.

In einer muſikaliſchen Abendunterhaltung bei einem reichen
Banquier deutſcher, oder vielmehr iſraelitiſcher Abſtammung
hatte einer unſerer Freunde, der tüchtige Geiger V. (er leitete
in den letzten Jahren eine Kapelle in einer bedeutenden Fabrik-
ſtadt am Niederrhein) beſagten Grafen kennen gelernt. V. war
dem reichen, vornehmen Herrn nach der Execution einer Beethoven'ſchen Sonate vorgeſtellt worden, mit der erläuternden Bemerkung, daß der Herr Graf nicht allein ein großer Kenner,
ſondern ſelbſt Komponiſt ſei, welche Belehrung Freund V. mit
einer tiefen, reſpectvollen Verbeugung vor der Hand als Wahrheit hingenommen. Der Herr Graf, welcher entzückt über V.'s
Leiſtung geweſen, hatte ſich dann angelegentlich mit ihm unterhalten, das Geſpräch auf V.'s tägliche Beſchäftigung, ſeine Ver-
hältniſſe, ſeine Umgebung gelenkt, und ſo bald Kenntniß erlangt
von der kleinen Künſtlerkolonie in der Straße der Märtyrer,
der V. angehörte. Solche Mittheilungen ſchienen dem Herrn
Grafen gar wohl zu behagen. Er ließ ſich unſere Perſönlich-
keiten und Talente ſammt und ſonders auf das genaueſte beſchrei-
ben und verſprach dann, uns in den nächſten Tagen zu beſuchen.
V. glaubte, einen Beſchützer, bedeutend an Einfluß und Kennt-
niſſen, gefunden zu haben, und ſprach im Verlaufe des Abends,
recht froh angeregt, mit einem älteren franzöſiſchen Künſtler
über dieſe neue, ſicher folgenwichtige Bekanntſchaft. Doch der
Kollege zuckte lächelnd die Achſeln und meinte, der Herr Graf
ſei einfach — ein Narr. Freund V. war über ſolchen Beſcheid
anfänglich zwar ein Weniges verblüfft, doch nach kurzer Ueber-
legung meinte er, daß es ſich bei verſprochener näherer Bekanntſchaft gar bald zeigen würde, ob der Herr Graf ein tüchtiger
Muſiker oder ein Narr wäre. Somit beruhigte er ſich und

beschloß, das Weitere abzuwarten. Also thaten auch wir Uebrigen, als B. uns von der neuen Bekanntschaft erzählte und deren demnächstigen Besuch ankündigte.

Einige Tage nach jener Soirée, an einem Sonntage, hielt denn auch gegen elf Uhr Morgens ein elegantes Coupé mit Kutscher und Bedienten in reicher, doch etwas bunter Livrée vor dem Thore des Hofes, in welchem das Gebäude lag, in dessen Dachräumen sich unsere verschiedenen Wohnungen befanden. Der Graf B. in feinster Morgentoilette entstieg, von seinem Bedienten unterstützt, dem Wagen und betrat den nicht allzu schönen Hofraum, während der Diener, auf ein Zeichen von ihm, wieder zurück zu dem Wagen ging. Der feine, vornehme Herr schaute sich etwas verwundert an besagtem Orte um, der durchaus nichts Künstlerisches zu bergen schien, und erregte billigermaßen die Aufmerksamkeit der alten Thor- und Haushüterin, die schon längst die Nase zu der Thüre ihrer Loge herausgesteckt hatte und den eleganten Fremden neugierig betrachtete. Auch wir hatten ihn bemerkt, doch Keiner von uns machte Miene, dem vornehmen Besuch entgegen zu gehen, ihn etwa am Fuße der schmalen Treppe, die vom Hofe direct und schnurgerade nach dem Gange führte, an den die Thüren unserer Wohnungen stießen, zu empfangen. Vier von unserer Kolonie wollten sich just zusammensetzen, um ein Beethoven'sches Quartett, von welchem am selben Abend ein Theil in einem öffentlichen Koncerte gespielt werden sollte, zu probiren. Die Ankunft des fremden Herrn beschleunigte den Beginn des Musikstückes, und ungesäumt, mit kräftigen Bogenstrichen, wurde der erste Theil begonnen. Sicher der würdigste Empfang für einen Mann, der sich ein bedeutender Musiker dünkte und sich als solcher gebärdete.

Der Herr Graf hatte das lange einstöckige Gebäude, das unten Werkstätten enthielt, mit seinen ärmlichen Mansarden-

fenstern ziemlich staunend und zweifelnd betrachtet, als plötzlich
die Töne der vier Saiteninstrumente an sein Ohr schlugen und
eine zauberhafte Wirkung hervorzubringen schienen. Denn ohne
sich lange um die, bereits den zahnlosen Mund zur gewöhn=
lichen Frage öffnende Portiére zu bekümmern, schritt er mit
höchst zufriedener, lächelnder Miene auf die Oeffnung zu, die
den Eingang in das Gebäude, zur Treppe, vermuthen ließ.
Bald hatte er das bescheidene Zimmer gefunden, in welchem
die Vier musicirten und wir Anderen plaudernd auf Stühlen,
Bänken und anderen Möbeln saßen. Die Thür leise öffnend,
trat der vornehme Musikfreund ein und bedeutete uns, die wir
ihm begrüßend entgegentraten, so wie die Spieler, die anstands=
halber ihr Spiel unterbrechen wollten, auf's bestimmteste keine
Notiz von ihm zu nehmen, sondern nur fortzufahren. Dann
blieb er wider die Thüre gelehnt stehen, anscheinend ganz ver=
sunken in die herrlichen Harmonien und melodischen Gänge des
Werkes des unsterblichen deutschen Meisters. Sein Gesicht, das
etwas recht Gutmüthiges — fast möchte ich jetzt schon sagen:
Simples — hatte, strahlte vor Vergnügen und Entzücken, und
als endlich der erste Theil des Quartetts vorüber war, konnte
er nicht mehr an sich halten und brach in lauten Beifall aus,
indem er zugleich den Spielern aufs herzlichste die Hände drückte
und sie mit gewählten Komplimenten überhäufte. Doch war
es uns auffallend, daß er sich fast in einem Athem erkundigte,
von wem denn eigentlich das herrliche Quartett gewesen. Als
ihm Freund V., darüber etwas erstaunt, den Namen Beethoven
und die Opuszahl des Musikstücks genannt, schlug er sich lachend
vor die Stirn und meinte, er sei manchmal so zerstreut; das
Werk könne ja nur von Beethoven sein; ein Anderer wäre ja
nimmer im Stande, also zu schreiben, und er erkenne es nun=
mehr, nachdem ihm die Opuszahl genannt, auch vollständig wieder.

Wir waren rasch vertraut mit einander geworden, denn

der reiche und vornehme Herr benahm sich so liebenswürdig, daß bald alle Scheu verschwunden war und wir sammt und sonders mit ihm plauderten, wie mit einem der Unseren, einem alten Bekannten. In seinen Gesprächen bekundete er eine ziemlich genaue Kenntniß der Werke Beethoven's, die er alle, fast ohne Ausnahme und in mehreren Ausgaben, soviel er deren nur habe auftreiben können, zu besitzen vorgab und natürlich göttlich fand. Er sprach so geläufig von den „Ruinen von Athen", wie von des Meisters „Fidelio", den er in Paris von der göttlichen Schröder=Devrient gehört hatte. Die verschiedenen Sonaten und Koncerte, die Symphonien und die „Schlacht von Vittoria" kannte er nebst ihren Entstehungen. Auch von der neunten Symphonie mit Chören und den letzten Quartetten wußte er zu reden, und das Alles fast immer in gewählter, geistreicher Weise.

Wir horchten bei solchen Reden allerdings etwas erstaunt auf versuchten solch Gespräch weiter fort= und auszuführen. Doch hatte er einmal sich über Etwas ausgesprochen, so lenkte unser Besuch, sich gleichsam auf keine weitere Diskussion über einen und denselben Gegenstand einlassend, von dem Thema ab und das Gespräch auf ein anderes Werk Beethoven's hin, seine Urtheile darüber mit allerlei überraschenden geistreichen Bemerkungen illustrirend. Daß er uns durch solche anscheinend umfassende und tiefe Kenntniß der Werke unseres Meisters überraschte, stellenweis sogar verblüffte, war ganz natürlich. Es wurde dadurch auch vor der Hand ganz unmöglich, uns ein festes Urtheil über unsern Besuch zu bilden, ob der neue Freund und Gönner in Wahrheit ein tüchtiger Musiker, oder nur ein vielbelesener oberflächlicher Dilettant, oder gar, wie jener Franzose gesagt — ein Narr sei. Doch gar bald, noch am selben Tage, sollten wir darüber vollständige Gewißheit erhalten, und zwar auf die ergötzlichste Weise.

Nachdem der Herr Graf von B. sich eine Weile also und wahrhaft liebenswürdig mit uns unterhalten, auch auf sein bringendes Bitten das Quartett in allen seinen Theilen zu Ende gespielt worden war, worauf natürlich neue Freudenausbrüche und enthusiastische Beifallsbezeugungen erfolgten, lud er uns sammt und sonders ein, am selbigen Abende, nach dem Koncerte — welches er natürlich nicht versäumen würde — bei ihm zu Nacht zu speisen. Hierauf drückte er Jedem herzlich und freundlich die Hand, sagte nochmals genau seine Adresse und daß er uns spätestens und bestimmt gegen elf Uhr erwarte, und sich jede Begleitung verbittend enteilte er der Stube, verschwand, wie er gekommen, und bald trug ihn sein Coupé in raschem Fluge die Straße entlang, dem Boulevard zu.

Der Besuch hatte uns im Ganzen keinen übeln Eindruck gemacht, und wenn wir auch über ihn selbst durchaus noch nicht im Klaren waren, so versprachen wir uns doch von ihm auf alle Fälle rechte Unterhaltung und angenehme Stunden. Der Graf war — so viel stand fest — ein reicher, feiner Mann, Enthusiast und glühender Verehrer der Musik, und demnach ein natürlicher Beschützer der Künstler, und seine Gönnerschaft konnte für uns nur gute Folgen haben. So beschlossen wir natürlich einstimmig, seiner freundlich und liebenswürdig vorgebrachten Einladung Folge zu leisten.

Am Abende, nachdem das Koncert, in welchem die meisten Glieder unserer kleinen Kolonie mitzuwirken hatten, vorüber war, setzten wir uns allesammt in Marsch und zogen der Wohnung unseres neuen Gönners zu. Dieselbe lag in einer der elegantesten Straßen des Opernviertels und im ersten Stockwerk eines großen, prachtvollen Hauses. Wie alte, gute Bekannte wurden wir empfangen und saßen bald in dem reich möblirten Salon behaglich auf den weichen sammtnen Fauteuils, plaudernd und feine Cigarren rauchend, die der Hausherr uns in Erwartung des Soupers, das alsbald servirt sein würde, dargereicht. Alles athmete Reichthum und Komfort, und zwei herrliche Erard'sche Flügel, so wie eine prachtvolle musikalische Bibliothek, die bei näherer Besichtigung fast nur Beethoven'sche Werke in den kostbarsten Einbänden zeigte, deuteten die Hauptliebhaberei — oder vielleicht auch nur die Manie — des Besitzers an.

Das Souper war vortrefflich, ausgesucht. Von den Austern aus Ostende, die es einleiteten, bis zum Dessert, aus den delikatesten und seltensten Südfrüchten, feinsten Konfitüren und Süßigkeiten bestehend, enthielt es wohl das Beste und Seltenste an Fleisch und Fisch, was im Augenblick in Paris zu haben gewesen. Ebenso verhielt es sich mit den Weinen. Jeder Gang brachte neue Sorten und neue Gläser, und unserm deutschen Vaterlande zu Ehren ließ der galante und freundliche Franzose einen Rheinwein serviren, wie ich bis dahin noch nimmer, und sogar bis heute nicht oft, gekostet. Wir waren lustig und munter und freuten uns der herrlichen Gottesgaben von Herzen. Das heißt, wir ließen es uns ganz vortrefflich schmecken. Daß unsere Gespräche sich nur um Musik, um Beethoven drehten, verstand sich natürlich von selbst. Von den verschiedenen kostbaren und feurigen Weinen an= und aufgeregt, ließen wir uns nach Herzens= lust gehen, und plauderten, schwatzten, gleich dem Wirthe, Allerlei bunt durcheinander. Dieser — mochte er von unserer Seite nicht mehr den richtigen und nöthigen Halt für seine musikalischen Gespräche finden, oder sich überhaupt ausgeplaudert haben — fing endlich an, gar barockes, ja tolles, unsinniges Zeug zu reden. Nachdem wir Dies einmal erkannt, ließen wir unserer Laune ohne Rückhalt die Zügel schießen und brachten den guten Grafen bald dahin, daß er uns sein musikalisches, oder vielmehr höchst unmusikalisches Innere vollständig enthüllte. Unsere entsetzten Ohren hörten unter Anderm Folgendes: Frei müsse der Geist schaffen und wirken, sich an keine beengenden Formen, an keine starren Regeln binden; also habe Beethoven gedacht und gethan, und er, der Graf, denke desgleichen. Und da er nun bis jetzt der Einzige sei, der die Kühnheit habe, auf solchen Wegen zu wandeln, so betrachte er sich auch als den einzigen — und be- scheiden fügte er hinzu — hoffentlich als den würdigsten Erben und Nachfolger Beethoven's, worüber seine Freunde alsbald des Nähern urtheilen sollten.

Wie schauten wir uns bei solcher Rede an! Keiner von uns zweifelte nunmehr daran, es mit einem kompleten Narren zu thun zu haben. Es sollte aber bald noch ärger kommen.

Der Salon war während des Soupers glänzend erleuchtet worden; die Pianos standen beide geöffnet da, und ein Quartett anscheinend vortrefflicher Instrumente wurden von den Bedienten aus kostbaren Futteralen hervorgeholt. Wir hatten unsern Mokka genossen und Cigarren rauchend saßen wir lachend und plaudernd wieder in dem behaglichen, süperben Raume. Der Hausherr bat nun recht freundlich um eine Sonate seines Lieblings- komponisten, worauf er uns dann auch eine freie Fantasie im großen Beethoven'schen Style von seiner Komposition versprach. Solches wurde mit allgemeinem Jubel auf- und angenommen, denn wir waren nunmehr aufs äußerste gespannt auf ein Opus unseres Wirthes, der sich selbst Beethoven's Erben und Nachfolger genannt hatte. Freund V. sprach leise einige Worte mit einem der Unsern, Namens M., der, ein trefflicher Musiker und Komponist, eine Menge Instrumente ziemlich gut, das Piano aber ganz vor- züglich spielte. Derselbe (M. war ein geborner Bonner und weilt und wirkt gegenwärtig in bedeutender Stellung am spanischen Hofe) unterdrückte gewaltsam ein Lächeln, doch nickte er bejahend, und Beide bereiteten sich vor, die vom Hausherrn gewünschte Sonate zu spielen.

V. stimmte die Geige, die trotz der Teppiche und Draperien einen vollen und schönen Ton von sich gab, und M. legte die bekannte „Kreuzersonate" auf. Nachdem er noch Einiges mit seinem geigenspielenden Kollegen leise flüsternd besprochen — wohl Verständigungen über Nüancen und Wiederholungen — begannen Beide das herrliche Musikstück, das wir Uebrigen behaglich in den weichen Fauteuils ruhend und rauchend, mit wahrer Lust anzuhören uns anschickten.

Plötzlich — der große Todte mag es ihnen verzeihen! — veränderte das Tonstück seinen Charakter vollständig. Wir staunten und schauten einander verdutzt an, trauten endlich unsern Ohren kaum, als der Geiger immer wilder und wilder drauf los strich und die allermodernsten Gänge und Passagen hören ließ, während der Pianist durchaus nicht mehr streng auf die Beethoven'schen Noten, sondern verstohlen auf den Geiger schaute, um dessen bizarre Einfälle entsprechend zu begleiten. Langsam gingen die wilden, wirren Gänge und Harmonien in einen sanften elegischen Gesang über, der sich immer weicher und gefälliger entwickelte. Jetzt hatten wir die Weise erkannt. Es war kein Zweifel mehr. Die beiden Vortragenden, vom Teufel des Muthwillens geplagt, aufgeregt durch das kostbare Souper und den herrlichen Wein, doch wohl hauptsächlich veranlaßt durch den sonderbaren Beethoven'schen Kenner, spielten die bekannte „Melancholie" von Prüme, an Stelle der begonnenen Beethoven'schen Sonate, und der Hausherr saß da — so unglaublich es klingen mag — mit leuchtenden Augen und andächtig gefalteten Händen, schwelgend im Genusse der vermeintlichen Schöpfung seines Lieblingskomponisten.

Wir mußten uns Gewalt anthun, um bei dieser Scene nicht laut aufzulachen, und es war ein Glück, daß die beiden Spieler so bald wie nur möglich endeten. Das Musikstück war übrigens vortrefflich gespielt worden, und der Herr Graf war entzückt, außer sich. Er umarmte die Vortragenden mehrere Male, und auch wir vermochten uns nur durch ähnliche Beifallsbezeugungen hinlänglich Luft zu machen.

Nachdem sich der Sturm der Luft etwas gelegt, ging der Herr des Hauses daran, sein Versprechen zu erfüllen und uns Etwas von seinen Kompositionen zum Besten zu geben. Er öffnete einen der großen Musikschränke, der mit überaus pracht= voll eingebundenen Bänden und Heften von den verschiedensten Formaten angefüllt war, und die er mit selig lächelnder Miene und freudig stolzer Selbstzufriedenheit uns bescheiden als seine eigenen „sämmtlichen Werke" — die jedoch theils nur entworfen, theils vollendet — präsentirte. Wie gern wären wir über die dick= und dünnleibigen Bände und Hefte hergefallen, um zu schauen, was sie denn eigentlich unter ihren sammtnen und ledernen, reich vergoldeten Gewändern bargen. Doch nachdem der Graf rasch ein Heft in blauem Sammtbande, mit Silberspangen ver= ziert, hervorgeholt, schloß er den Schrank wieder sorgfältig zu, und wir mußten uns vor der Hand mit dem einen vielversprechenden Hefte begnügen. Und also thaten wir auch, recht begierig darauf, was uns sein Inhalt bescheren würde.

Der Graf setzte sich ans Piano, legte sein prächtiges Heft auf und begann seine freie Fantasie im großen Beethoven'schen Style, wie er einleitend sich abermals ausdrückte.

Was wir da zu hören bekamen! — Ich scheue mich fast, es niederzuschreiben, und würde es nicht thun, wenn ich nicht die vollste Wahrheit zu berichten hätte. Es war die einfachste, schülerhafteste Klavierpiéce; schülerhaft — nein, stümperhaft vor= getragen, und mit unmöglichen, ohrenzerreißenden Harmonien und unabsichtlichen falschen Accorden durchweg illustrirt. Es war richtig! der Herr Graf von B. war, was Musik anbelangte, ein vollständiger Narr und reif fürs Irrenhaus. Anfänglich erregte der reiche arme Mann unser Mitleiden, doch bald siegte der Humor — wer hätte auch in unsern Jahren in gleicher Lage ernsthaft bleiben können? — und wir überließen uns ohne Rück= halt der ungebundensten, tollsten Lust. Wir benutzten die erste größere Pause seines Vortrags und fingen an, laut jubelnd zu applaudiren, den Spieler derart zu beglückwünschen, daß er natürlich — und glücklicherweise! — am Weiterspielen vollständig verhindert war. Der Pianist M. umarmte ihn als würdigen Kollegen, und drückte ihm, in Ermangelung eines Lorbeerkranzes, ein mit Blumen gesticktes Sophakissen auf das ehwürdige Sieger-haupt. Der gute Graf ließ Alles mit sich machen; er schien über-glücklich und bedauerte nur, daß er kein fertiger Klavierspieler sei, um seine große Komposition mit der nöthigen Bravour und passendem Ausdruck vortragen zu können. M. erbot sich allsogleich, das Stück nach vorheriger Einübung bei späterer Gelegenheit zu spielen, und nahm auch sofort das blausammtne Heft mit den Silberspangen und seinem köstlichen Inhalt in Beschlag. Der gräfliche Komponist sträubte sich zwar ein Weniges, doch endlich schien er entzückt von der Idee und begann sogar, noch weitere Kompositionen hervorzuhohlen. Darunter befand sich, wie er sagte, die Partitur eines Quartetts, und dann — ach, sein liebstes Kindlein! — eine große Oper in fünf Akten. Wir prallten, von den verschiedensten Gefühlen bewegt, fast entsetzt zurück, doch zum Glück erwiesen sich von den fünf äußerst dickleibigen und prachtvoll eingebundenen Bänden vier als vollständig entblößt von allen Schriftzügen, und nur der erste Band war theilweise mit Notenköpfen beschrieben. Er wollte uns vorerst den Text der Oper, für welchen er einem glücklichen Pariser Poeten und Journalisten mehrere tausend Franken bezahlt hatte, vortragen und sodann zur Komposition selber übergehen. Doch das war mehr, als wir zu ertragen vermochten. Wir protestirten feierlichst und erboten uns, das Quartett, wie auch einige Nummern der Oper, selbst aufzuführen.

Unser Graf war glücklich, selig bei diesem Gedanken. Er hatte seine Werke öfters französischen Künstlern angeboten, sie aufgefordert, solche bei ihm in seinen Salons zu executiren

Doch stets war sein Verlangen abgewiesen worden, weil die
Sachen als zu schwierig nicht ausführbar wären. Hier aber
fand er Deutsche, die er als Künstler schätzen gelernt, die sich
freiwillig erboten, seine Meisterwerke aufzuführen. Sein Ver=
gnügen, seine Freude kannte keine Grenzen, und er arrangirte
schon im Geiste eine große musikalische Soirée, bei welcher nur
die feinste, ausgewählteste Gesellschaft zugegen sein sollte, um
der endlichen Aufführung eines kleinen Theiles seiner Werke
beizuwohnen.

Voller Lust und Muthwillen gingen wir auf seine Ideen
ein, und um weiterer ähnlicher musikalischer Genüsse überhoben
zu sein, welche uns sicher das kostbare Souper vollständig ver=
dorben haben würden, nahmen wir rasch die bewußten Parti=
turen in Beschlag und machten, die späte oder vielmehr frühe
Stunde vorschützend, Anstalt, nach Hause zu gehen. Erschöpft
vor Lachen und ausgelassener Lust, kamen wir in unserer Be=
hausung an. Doch am anderen Tage ging der Spaß erst recht
los. Die Musiker wollten sich ob des Inhalts der Hefte fast
vor Lachen auf der Erde kugeln. In den Partituren standen
zwar Notenköpfe, lange und kurze, gebundene und ungebundene,
neben, über und unter einander, in der Form des Klavierstücks,
des Quartetts und sogar auch der vollständigen Partitur; da
standen auch Worte und Singnoten, doch das Alles hatte keinen
Zusammenhang, keinen Sinn. Es war gerade, als ob ein kla=
vierspielendes Kind, ohne die allergewöhnlichsten Kenntnisse der
Harmonie, die Notenlinien vollgeschrieben hätte. Es waren Par=
turen, die werth waren, in etlichen hundert Jahren einen Abbé
Domenech, den großen, unübertrefflichen Kenner der „Sprache
der Wilden", als Ausleger zu finden.

Unsere ausgelassene Lust hatte sich noch nicht gelegt, wir
waren noch zu keinem Entschluß gekommen, was wir thun und
nicht thun sollten, als schon der Herr Graf von B. wieder an=

gefahren kam und uns mit freundlichster Miene, die sich noch
bedeutend steigerte, als er seine Partituren auf Tischen und
Kommoden aufgeschlagen liegen sah, einlud, mit ihm der heutigen italienischen Opern-Vorstellung beizuwohnen. Er theilte
uns mit, daß er für sich und seine deutschen Freunde eine ganze
Loge gemiethet habe und sich freue, mit uns Rossini's herrliche
„Semiramis", in welcher die Grisi, die Garcia und Tamburini
singen würden, anhören zu können.

Wir waren gefangen, vor der Hand verloren; denn welcher
Musiker und Sänger in unserer Lage hätte solchem Anerbieten
widerstehen können? Waren uns doch die berühmten Vorstellungen der Italiener mit ihren Zwanzig-Franken-Preisen verbotene
Genüsse. Wir nahmen deshalb wahrhaft entzückt und dankbar
den Vorschlag an und beschlossen stillschweigend, uns in das
Unvermeidliche, was später noch kommen würde, zu fügen.

Nach der Oper führte uns unser reicher Gönner natürlich
wiederum zum Souper, und zwar diesmal in das Pc.'ais Royal
zu einem der vornehmen Restaurants. Auch Dies abzuschla-
gen, waren wir wieder zu schwach — wer wird uns deshalb
verdammen? — und wir mußten uns fügen. Wir konnten auch
nicht wohl anders. Wir hatten A gesagt und mußten vorwärts,
unserem Schicksal entgegen. Bei diesem Souper wurden schon
die Grundzüge der großen musikalischen Soirée besprochen. Das
Quartett sollte in zwei Abtheilungen, zu Anfang und zu Ende
des Koncertes, gebracht werden. Nach den zwei ersten Theilen
desselben sollte ein Gesangstück folgen, dann die große Phantasie
für Piano, und hierauf abermals eine Nummer aus dem ersten
unvollendeten Akte der großen unsterblichen fünfaktigen Oper.
Die Sitzung und Besprechung dauerte ziemlich lange und war,
wo möglich, noch lustiger, als die frühere. Wir kannten ja
nunmehr den „Erben und Nachfolger Beethoven's" vollständig,
und es wäre, wie schon gesagt, zu Viel von unseren Jahren,

unserer frischen kecken Lebensluft und unserem, gottlob! gesun=
den Humor verlangt gewesen, die Sache ernsthaft zu betreiben,
den armen reichen Mann mit seiner närrischen Einbildung schon
jetzt, oder vielmehr gerade jetzt, achselzuckend abzuweisen. Das
vermochten wir eben nicht und überließen uns deshalb ohne
Rückhalt unserer Lust, uns, weil es denn doch nicht mehr anders
ginge, noch viele ergötzliche Stunden von den gräflichen Kom=
positionen und — wenn es eben durchaus sein müßte — auch
von seinen Soupers versprechend.

Und also kam es auch. Es verging fast kein Tag, an
welchem der Graf von B. sich nicht in unserer Dachwohnung
einfand, sich nach dem Fortgang des Studiums seiner Meister=
werke erkundigte und uns zu seinen Diners oder Soupers einlud.
Auch erschien oftmals sein reichbetreßter Diener und brachte uns
entweder einen Korb Champagner oder andere Weine, oder eine
Loge für die große Oper — Alles bisher für uns verbotene,
weil unerschwingliche Genüsse. Endlich, es mochten etwa zwei
Wochen seit unserem ersten Zusammentreffen mit dem gräflichen
Musiknarren vergangen sein, erhielten wir von demselben
in aller Form die Einladung zu der bewußten großen musikali=
schen Soirée, und zwar für jeden der Unseren ein besonderes
Billet in äußerst eleganter und kostbarer Ausstattung, welches
zugleich das vollständige Programm des Koncertes enthielt.
Das meinige bewahre ich heute noch als Andenken an jene
sonderbare, glücklicherweise nur flüchtige Bekanntschaft. Der
wichtige Abend war in etwelchen Tagen angesetzt, und nun
konnten, durften wir nicht mehr zurück. Wir mußten die Sache,
in die wir uns leichtfertig eingelassen, durchführen. Und also
beschlossen wir denn auch zu thun. Lustig, wie der Anfang des
Abenteuers, sollte auch das Ende desselben sein.

An einem Abend saßen wir Alle beisammen und hielten
großen Rath, was nunmehr zu thun sei. Die Kompositionen

des Herrn von B. aufzuführen, war natürlich ein Ding der Unmöglichkeit; es wäre ein wahres Charivari, wohl die gräßlichste instrumentale Katzenmusik geworden. Was war zu thun, um uns aus der Affaire zu ziehen und dem sonst in Wahrheit guten Manne eine kleine Freude und keine Schande zu bereiten?

Unsere Berathung dauerte nicht lange, denn die Lösung der Frage war nicht allzu schwer. Da der Herr Graf sich selbst für den Erben, den würdigsten Nachfolger Beethoven's hielt, gab es ja kein anderes, besseres Mittel, als ihm echte, wirkliche Beethoven'sche Kompositionen vorzuführen. Und da er die Prüme'sche „Melancholie" in allem Ernste für die „Kreuzersonate" hingenommen, so konnten wir auch wohl als bestimmt annehmen, daß er Beethoven'sche Musik als seine eigene hinnehmen und anhören würde. Er konnte ja seine eigenen sogenannten Kompositionen unmöglich selber kennen, weil sie eben überhaupt nicht zu erkennen waren. Ueber das Urtheil der ausgewählten Zuhörerschaft waren wir ebenfalls vollständig beruhigt, denn wir kannten die vornehme Pariser musikhörende Gesellschaft zur Genüge und wußten wohl, daß wir derselben zehn Beethoven'sche Quartette hätten vorführen können, ohne daß sie solche als von jenem Meister herrührend erkannt haben würde. Wir versprachen uns mit Recht den größten Spaß von einer solchen Mystifikation des Grafen sowohl, wie einer gewissen Klasse der vornehmen Pariser Welt.

Rasch gingen wir ans Werk. Ein Beethoven'sches Quartett, welches unseren Freunden sehr geläufig war, sollte auswendig gespielt werden und wurde definitiv zur Aufführung festgesetzt. Der Pianist M. übernahm die gräfliche Phantasie im großen Styl und nahm sich vor, dafür ganz kecklich ebenfalls eine Sonate von Beethoven zu spielen. Nun blieben noch die zwei Opern-Nummern übrig. Es war Dieses schon etwas schwieriger, da hier wohl der Text wiedergegeben werden mußte.

S*

Mir, dem angehenden Sänger, fiel natürlich diese Aufgabe zu.
Nachdem wir die soi-disant Partitur durchblättert, das heißt
den Text durchgelesen, fanden wir endlich ein Lied und eine
Rache-Arie, die wir festzuhalten beschlossen. Bald entdeckte ich,
daß beide Texte sich wohl mit wenigen Abänderungen unter
das Lied Rocco's und die Arie des Pizarro aus „Fidelio" legen
ließen, und, mit der französischen Sprache vollständig vertraut,
ging ich rasch an die Arbeit. Es gelang — Beethoven wird
es mir vergeben! — und bald prangte der französische Text unter
der Musik unseres Meisters, und das Ganze sang sich nicht
allein ganz leidlich, sondern sogar recht gut und viel besser, als
die vorhandene steife Uebersetzung des „Fidelio" von Castel-Blaze.

Am Morgen des wichtigen Tages erschien der Herr Graf
abermals bei uns und zeigte sich wahrhaft selig, als er hörte,
daß Alles vollständig einstudirt und zur Aufführung reif sei und
und wir uns Alle den größten Erfolg von seinen Kompositionen
im großen Beethoven'schen Styl versprächen. Punkt neun Uhr
Abends wollte er uns seine Equipagen schicken, und um zehn
sollte die ewig denkwürdige Soirée beginnen. Hierauf empfahl
sich der Glückliche, weil er noch Vielerlei zu besorgen und zu
überwachen habe.

Zur verabredeten Stunde nahmen uns zwei prächtige Wagen
auf und führten uns alle Acht nach der Wohnung des Grafen.
Einfahrt, Treppen und Korridors waren auf das Brillanteste
erleuchtet und mit den seltensten Gewächsen ausgeschmückt, und
in den Salons herrschte eine wahrhaft fürstliche Pracht. Der
Hausherr empfing uns mit freudestrahlendem Gesichte und stellte
uns den schon zahlreich versammelten Gästen vor. Da hörten
wir volltönende aristokratische Namen und solche aus der Fi-
nanzwelt, aus dem Advokaten- und Richterstande. Auch mehrere
Schriftsteller und Gelehrte waren anwesend, unter Anderen auch
der glückliche Dichter der fünfaktigen Oper des Herrn Grafen,

ein wohlbekannter Journalist, doch glücklicherweise kein Künstler, kein Musiker. Uns fiel darob eine Centnerlast vom Herzen, während der Graf lebhaft bedauerte, daß alle Künstler, die er eingeladen, gerade heute abgehalten seien, was ihn anfänglich ganz untröstlich gemacht. Jedoch begnüge er sich nunmehr gerne, so meinte er weiter, mit seiner brillanten Zuhörerschaft, und auch wir waren wohl zufrieden damit.

Doch Schicksalstücke! — Während die Bedienten die Vorbereitungen zu dem kleinen Koncert trafen, die Pulte und Lichter zurechtstellten, wurde unter anderen neuen Gästen auch ein bekannter französischer Violin=Virtuose, eine damalige Berühmtheit der Hauptstadt, gemeldet. Wir kannten denselben Alle dem Namen und seinen Leistungen nach, doch waren wir selbst ihm wohl vollständig unbekannt. Er wußte wahrscheinlich, weß Geistes Kind der Graf von B. sei, welcher Natur seine sogenannten Kompositionen im großen Beethoven'schen Styl wären, und war ganz sicher hieher gekommen, um zu erfahren, was denn eigentlich zur Aufführung gebracht werden sollte.

Kaum hatte der Hausherr den Namen der geigenspielenden Berühmtheit gehört und den Virtuosen selbst erblickt, als er einen lauten Freudenschrei ausstieß und auf den Eintretenden losstürzte, ihn aufs Wärmste und Zuvorkommendste begrüßend. Auch der Virtuose wurde den vielen bedeutenden und unbedeutenden, reichen und gelehrten Gästen vorgestellt, und endlich auch seinen deutschen Kollegen. Doch so tief der gewandte Franzose sich auch vor den Baronen, Marquisen und Grafen, sowie vor den Männern der Finanzen bückte: so stolz, ja geringschätzend schaute er auf uns herab, die wir uns dazu hergegeben, die unmöglichen Kompositionen des Herrn Grafen aufzuführen. Spöttisch und fast verächtlich lächelte er bei der Frage, ob uns das Einstudiren der Meisterwerke derselben große Mühe verursacht. Rasch und keck erwiederte M. dem großen Künstler,

daß wir allerdings ganz gehörig probirt und studirt hätten,
die Kompositionen aber auch solches Probiren vollständig ver-
dienten, indem sie ganz herrlich wären, wie er sich allsogleich
selbst überzeugen würde.

Der Franzose war über solche Antwort anfänglich nicht
wenig verblüfft; dann aber schaute er uns mitleidig an, zuckte
nochmals die Achseln und wandte sich ohne weitere Ceremonie
an andere Gäste.

Die Vorbereitungen zu dem Koncerte waren beendet. Die
Noten in den herrlichen Einbänden lagen auf den Pulten, und
die Gäste placirten sich geräuschvoll und plauderten auf den
verschiedenen zum Sitzen und Liegen eingerichteten Möbeln.
Unsere vier Quartettspieler stimmten die Instrumente und setzten
sich an ihre Pulte, während wir Andern, bei jedem Pult Einer,
stehen blieben, um die Blätter umzuwenden, das heißt im Grunde
nur, um der Aufführung einen Anstrich von Wahrscheinlichkeit
zu geben und zugleich jeden Neugierigen so fern wie möglich
von den Noten zu halten.

Wir waren bereit. Der Hausherr wurde ungeduldig,
weil das Plaudern durchaus nicht aufhören wollte. Endlich
ermannte er sich und deutete mit einigen Worten den Beginn
des Koncertes an, worauf eine lautlose Stille entstand, aus
der sich ernst und majestätisch die Anfänge eines herrlichen
Beethoven'schen Quartetts entwickelten.

Alles horchte gespannt und wohlgefällig den wunderbar
schönen Gängen und Harmonien, vortrefflich, ja mit Begeisterung
vorgetragen. Der Hausherr saß in der Mitte des Salons, und
schwelgte beim Anhören seiner vermeintlichen Komposition in
einem Meere von Seligkeit. Doch am überraschtesten, ver-
blüfftesten war der berühmte französische Virtuose. Nach den
ersten Takten hatte er sich, wie von einem elektrischen Schlage
berührt, erhoben und schaute nun mit vorgestrecktem Halse starr

auf die vier Spieler. Das konnte doch unmöglich eine Komposition
des närrischen Grafen sein, mochte er wohl denken. Und doch
sah er, wie die Spieler ernst und andächtig in die herrlich
gebundenen Notenhefte schauten, wie die Blätter regelmäßig
von Zeit zu Zeit umgewendet wurden. Das war dem Künstler
denn doch zu rund; es ging über seinen Horizont, und sich aus
seiner entfernten Ecke, in die er sich gedrückt, losschälend, arbeitete
er sich langsam und behutsam auf die Spieler zu, natürlich um
sich mit eigenen Augen zu überzeugen, ob Das, was er da
hörte, wirklich in den prachtvollen Heften des Herrn Grafen
stände.

Wir sahen dieses Manöver, und uns, so wie den Spielern,
ward dabei nicht ganz wohl zu Muthe. B., der an der ersten
Geige saß, schaute die Uebrigen vielsagend an, andeutend, daß
bei endlich erfolgter Annäherung des gefährlichen Virtuosen der
Theil des Quartetts rasch zu schließen sei. Doch dies war
glücklicherweise nicht nothwendig, denn der immer näher anrückende
Feind hielt plötzlich, einen Aufschrei unterdrückend, inne, und sein
Gesicht, bis dahin erstaunt, verlegen und sogar ärgerlich, nahm
zugleich eine lachende Miene an, worauf er sich gemüthlich an
das Gesims des Kamins, allwo er just bei seinem Vordringen
angelangt war, lehnte und ruhig weiter zuhörte.

Er hatte also endlich die Komposition, den Meister erkannt
— auffallend bleibt es, daß dies nicht schon früher geschehen
war — und sein nunmehriges Verhalten kündete deutlich an,
daß er die etwas kecke, doch immerhin köstliche Mystifikation nicht
allein billige, sondern sich auch herrlich darüber amüsire. Uns
Allen entging dieses nicht, und die verschiedenen Blicke, die deshalb gewechselt wurden, deuteten die Freude darüber hinlänglich
an. Mit neuer Lust und Begeisterung wurde weiter gespielt
und unter allgemeinem Lauschen der erste, endlich auch der zweite
Theil des prächtigen Quartetts zu Ende geführt.

Ein allgemeiner Beifall brach los, und der überglückliche, selige Graf war augenblicklich umringt von seinen vielen reichen und vornehmen Gästen und Freunden, die ihm, über das Gehörte wahrhaft erstaunt, mit Herzlichkeit und Ueberschwänglichkeit ihre Komplimente darbrachten, ihm ihre Bewundrungen ausdrückten. Während dieser Zeit war der Franzose rasch auf uns zugekommen und hatte nicht minder herzlich den vier Spielern die Hände gedrückt und ihnen leise sein Kompliment über die vortreffliche Ausführung, ohne Stimmen, des Beethoven'schen Quartetts gemacht. Rasch hatten wir uns verständigt, und der Franzose war natürlich so liebenswürdig, uns die Versicherung zu geben, daß er, was er auch immer noch hören würde, uns nicht zu verrathen, noch dem armen Hausherrn die Freude zu verderben gedenke. Jetzt hatte sich auch der Graf von seinen vielen Bewunderern losgemacht und eilte auf uns zu, und hinter ihm her tönte es noch von den verschiedensten Seiten: „Bewunderungswürdig! — Ganz im Beethoven'schen Styl! — Prachtvoll! Göttlich! — Es klang genau so, wie ich im letzten Koncert des Konservatoriums gehört! — Sicher ist der Graf ein bedeutendes musikalisches Talent! — Was sagen Sie? Er ist ein zweiter Beethoven!" —

Also und ähnlich ging es fort, bunt und wirr, kopf- und sinnlos durcheinander, während der glückliche Erbe und Nachfolger Beethoven's uns entzückt, Einen nach dem Anderen, alle Acht umarmte.

Wir konnten uns fast des Lachens nicht erwehren, und um diese peinliche, gefährliche Situation zu beendigen, machten wir Miene, in unseren Produktionen fortzufahren. Bei den ersten Accorden, die M. auf dem Klaviere angab, war Alles wieder stille, ganz Ohr, und nun begann ich das Lied Rocco's mit dem untergelegten französischen Text.

Der Hausherr gerieth in wahre Verzückung über diese seine

herrliche Komposition, und die ganze Gesellschaft, der die Form
des Gesangstückes näher lag, besser begreiflich und verständlich
war, gebärdete sich nicht minder enthusiastisch. Man meinte
allgemein, daß diese prächtige, kernige „Romanze" bald in allen
Pariser Salons gesungen werden würde. Auf allgemeines Verlangen wurde das Lied wiederholt und erregte, wo möglich,
noch größeren Beifall. Jetzt kam auch der Dichter der Oper,
der bekannte Journalist, herbei und ließ sich herab, dem Komponisten, vorzüglich aber dem Sänger, seine Komplimente zu
machen, wobei er nicht unterließ, mit vielsagendem Blick anzu-
deuten, daß die Werke, sowie deren Ausführung in seinem nächsten
Feuilleton gebührend besprochen werden sollten.

Ich kann meinen ferneren Bericht über diese, gewiß denkwürdige Pariser musikalische Soirée kurz fassen. Der Verlauf,
das Ende derselben war wie ihr Anfang. Nach einer Beethoven'schen Sonate folgte die Arie Pizarro's mit den französischen
Versen, die zwei letzten Theile des Quartetts beschlossen das
Koncert, und das gewählte feine Publikum erschöpfte sich fast
in erstaunenden und bewundernden Komplimenten.

Der Herr Graf kam aus seiner Seligkeit während des
Soupers, welches nun folgte, gar nicht mehr heraus. Er hielt
sich in allem Ernste für den Schöpfer all der Musik, die man
so eben gehört, und betrachtete, sprach und gebärdete sich als
unbestreitbaren Nachfolger und Erben Beethoven's. Im Verlaufe des Abends versprach er natürlich seinen enthusiastischen
Bewunderern, seine fernere kostbare Zeit nur zu weiteren derartigen Kompositionen zu verwenden und die vollendeten so bald
als nur möglich, durch den Stich zu vervielfältigen, um solche
Schätze nicht länger der ganzen europäischen musikalischen Welt
vorzuenthalten.

Uns wurde denn doch, trotz allem jugendlichen Muthwillen,
ein wenig unheimlich bei der Sache, und wir beschlossen, der

Soirée, so wie der neuen Bekanntschaft, die doch auf die Dauer nicht durchzuführen war, ein Ende zu machen. Jedoch wollten wir noch zu guter Letzt uns recht gütlich thun, und so verbrachten wir den Rest des Abends, oder vielmehr der Nacht, in heiterer Lust, und genossen das Gute und Kostbare, was der Hausherr auftischen ließ, ohne weitere Reuegedanken.

Erst gegen Morgen langten wir in den beiden Karossen wieder zu Hause an, und ergötzten uns noch längere Zeit, denn an Schlaf konnten wir kaum denken, an der köstlichen Beethoven'schen Soirée, die wahrlich ihres Gleichen nicht gehabt hatte, noch jemals haben dürfte.

Etliche Tage darauf stand in der That schwarz auf weiß in dem Feuilleton eines vielverbreiteten Journals zu lesen, wie in den höhern Kreisen der Pariser Welt ein musikalisches Genie sich endlich kundgegeben, welches bereits eine Menge Werke vollendet habe, die sich dreist den besten Beethoven'schen Kompositionen an die Seite stellen dürften. Unter Anderm befinde sich auch unter den vollendeten Werken eine große Oper in fünf Akten, die Schönheiten ersten Ranges enthielte, und die, nach den in den Salons des Komponisten vorgeführten Proben, die französische Oper auf einen ganz neuen Weg zu führen bestimmt sei. Diesen und ähnlichen köstlichen Unsinn verkündete das Journal durch die Feder des großen Textdichters, und das Pariser Publikum las, erstaunte und freute sich baß, daß aus seiner Mitte ein neuer Messias der Kunst hervorgegangen! —

Was der Herr Graf von B., Beethoven der Zweite, weiter getrieben, ob er seine Kompositionen spekulativen Verlegern angeboten, und was diese dazu gesagt, vermag ich nicht anzugeben, denn, wie wir beschlossen, also thaten wir auch. Der Herr Graf fand uns bald nicht mehr zu Hause, oder die Thüren unserer bescheidenen Wohnungen fest verschlossen. Ebenso unberücksichtigt blieben die Einladungen zu Diners und Soupers — was wohl

am sicherften für unsere Reue und Beflerung sprechen mag —
und endlich waren wir ihn los.

Auch weiß ich nicht, ob der französische Virtuose sein Versprechen des Stillschweigens gehalten, oder ob er dennoch plauderte.
Letzteres ift mir aber ziemlich wahrscheinlich, denn eines der Pariser
musikalischen Journale berichtete bald darauf von einer köstlichen
Mystifikation, die einem vornehmen Melomanen und seinen Gäften,
worunter auch ein namhafter Schriftfteller und Journalift, gespielt
worden sei. Der Artikel war ziemlich dunkel gehalten, doch versprach er mit Nächstem weitere und genauere Aufklärung über
die Angelegenheit. Indeß, Solches unterblieb. Der Betreffende
hatte wahrscheinlich Wind von der Sache bekommen und Mittel
und Wege gefunden, die feindselige Journalstimme zum Schweigen
zu bringen, was ihm wohl, bei seinem Reichthum an „klingenden,
metallreichen“ Kompositionen und bei der Empfänglichkeit der
Pariser musikalischen Kritik für derlei Musik, auch nicht allzu
schwer geworden sein dürfte.

So viel glaube ich doch noch verrathen zu dürfen, daß der
Herr Graf von B. in der Folge sich sehr über den Undank seiner
Mitwelt beklagte, seine vielen Kompositionen sorgfältig in dem
prachtvollen Schranke und vor allen profanen Augen verborgen
hielt. Nur der Nachwelt wolle er solche überliefern, von der er
natürlich Gerechtigkeit, Lohn und Erfatz für erlittene Kränkung,
Unbill und Verleumdung erwartete. Für sein eigenes Leben
begnügte er sich mit dem einen gehabten Erfolge und hörte
dadurch sicher nicht auf, sich steif und fest für ben einzigen und
würdigsten Nachfolger Beethoven’s zu halten. Solches Denken
entschädigte ihn gewiß reichlich für alles Andere; es mußte
natürlich nicht wenig zu seinem zeitigen Glücke beitragen, und
somit dürfte unser wohl etwas zu muthwillige Streich auch eine
gute Seite gehabt haben.

Schluß und Abschied vom Leser.

Da ich dem Leser in den vorstehenden Blättern so viel von meiner Person erzählt, so hätte er wohl auch ein Recht zu fragen was denn eigentlich das Resultat all' der Bemühungen und Entbehrungen des angehenden Sängers gewesen? Wollte ich hierauf antworten, so bliebe mir nur Ernstes zu berichten übrig, das in den Rahmen meiner heitern Geschichten wohl nicht passen dürfte. Da ich nun nicht mit einem Mißklang von meinen Lesern scheiden möchte, so muß ich diese Frage vorerst unbeantwortet lassen. Sollte indessen der Eine oder der Andere sich wirklich für die weiteren Erlebnisse und Abenteuer des artiste chanteur und seiner Freunde der rue des Martyrs interessiren, so verweist der Verfasser die Wißbegierigen auf seine früher erschienene Erzählung: „Drei Gesellen" (4 Bde. Jena, H. Costenoble). In derselben findet man die ganze Kolonie der deutsch-pariser Musiker wieder und wird mit leichter Mühe auch den angehenden Sänger zu erkennen vermögen, zugleich auch erfahren wie dessen rosige Hoffnungen in Erfüllung, oder — auch nicht in Erfüllung gegangen sind.

Nur flüchtig sei hier noch erwähnt, daß ich zu meinem Glücke dem Gedanken zur französischen Bühne und Oper zu gehen, entsagte. Conradin Kreuzer, den ich im Jahre 1843 in Paris kennen lernte, zog mich wieder nach der deutschen Heimath und am 9. Mai 1844 machte der „Schüler des pariser Conservatoriums" in Mainz sein erstes Debüt als „Jäger" im „Nachtlager" unter des mir unvergeßlichen Componisten Leitung. Was ich weiter als Sänger erlebte, gehört in ein anderes Kapitel, denn auf die Lehrjahre folgten die Wanderjahre, bis endlich die Zeit der Ruhe eintrat, wo die Erinnerung mir die Vergangenheit wieder vorführte und die früher mitgetheilten pariser Erlebnisse in die Feder dictirte — mich wohl auch noch veranlassen wird zu erzählen, was mir als Sänger Eigenthümliches und Wissenswerthes widerfahren.

Bis dahin — Gott befohlen, lieber Leser!

Zeitfracht Medien GmbH
Ferdinand-Jühlke-Straße 7
99095 Erfurt, Deutschland
produktsicherheit@kolibri360.de